사마의 평전

개정판 1쇄 인쇄 | 2022년 12월 20일
개정판 1쇄 발행 | 2022년 12월 27일

지은이 | 나채훈
펴낸이 | 박영욱
펴낸곳 | 북오션

경영지원 | 서정희
편 집 | 고은경·조진주
마케팅 | 최석진
디자인 | 민영선·임진형
SNS마케팅 | 박현빈·박가빈

주 소 | 서울시 마포구 월드컵로 14길 62 북오션빌딩
이메일 | bookocean@naver.com
네이버포스트 | post.naver.com/bookocean
페이스북 | facebook.com/bookocean.book
인스타그램 | instagram.com/bookocean777
전 화 | 편집문의: 02-325-9172   영업문의: 02-322-6709
팩 스 | 02-3143-3964

출판신고번호 | 제 2007-000197호

ISBN 978-89-6799-736-6 (93990)

司馬懿

評傳

반전의 고수 사마의, 최후의 승자가 되다

사마의 평전

나채훈 지음

북오션

재평가되어야 할 걸출한 인물, 사마의司馬懿
그는 현대인의 모델이 될 만한 최적주의자였다

역사는 지나간 시대의 기록이고 그에 대한 해석이나 평가는 시대의 흐름에 따라 변하기 마련이다. 그래서 역사 속의 인간이나 사건에 대한 내용은 절대적인 것이 아니려니와 상대적일 수밖에 없다. 따라서 시대가 변함에 따라 끊임없이 재평가되는 것이다.

더욱이 역사에 등장했던 인물의 진면목을 제대로 살펴보기 위해서는 우리 스스로 기존의 편견이나 과거 기록에 얽매이지 않고 자유로워야 한다. 이 같은 관점에서 1,800여 년 전 중국 대륙에서 펼쳐진 삼국시대는 새로운 인물을 끊임없이 재생산하고 있다. 간웅의 대표 격 인물이었던 조조曹操는 강력한 리더십을 지닌 인물로 재조명되고 있고, 덕을 상징하던 유비劉備는 우유부단한 사람, 한마디로 시대 상황에 따라 전혀 다르게 보는 경우도 허다하다. 여기서 지나치게 정략적이고 매력 없는 이미지로 굳어져 오랫동안 별로 대접받지 못했지만 재조명하여 그 진가를 제대로 헤아려 볼 필요가 있는 인물로 사마의를 꼽을 수 있다.

사마의는 자기 삶에 대한 진지함이나 능력, 혹은 이룩한 업적과 상관없이 꽤 한심한 인물이었다는 인식이 일반인들에게 각인된 것이 사실이다. 뛰어난 지혜의 화신 제갈량諸葛亮, 의리와 충절의 대명사 관우關羽, 간교한 잔꾀의 심벌 조조, 우유부단하지만 어진 군주 유비처럼 소설 『삼국지연의三國志演義』를 읽은 독자들이 그런 인상을 받고 사마의를 한심한 인간으로 바라보게 된 것은 어찌 보면 당연하다고 여겨진다.

소설이 만들어 낸 사마의는 실재했던 인물 사마의와는 너무 다르다. 아니 왜곡되고 비하되고 심지어는 터무니없이 희화되었다. 장점은 단점으로 바뀌었고 업적은 형편없는 야심가의 운 좋은 결과처럼 변질되었다.

　삼국(위·촉·오)을 통일한 진晉나라가 기틀을 만든 사마의의 기대를 저버리지 않고 훌륭한 정치를 하고, 오랫동안 지속되었다면 일반 사람들이 갖게 된 이런 인상은 분명 달라졌을 것이다. 기록은 권력자의 편이니까 말이다. 결국 진晉왕조의 흥망사가 그를 평가하는 데 좋지 않은 방향으로 작용되었다고 하겠다. 사실 왕조의 흥망사에 따라 제대로 대접받지 못하고 저평가되거나 왜곡된 이미지를 갖게 된 사람은 사마의 외에 조조나 가후賈詡 같은 위나라 쪽 인물이 많다. 조조의 경우 훗날 어떤 세력이 어디서 근거지를 마련하고 중국 대륙을 지배했느냐에 따라서 평가가 계속 바뀌었다. 중원 북부 세력이 대륙을 지배할 때는 좋은 평가를 받다가, 남부 지역에 도읍을 정한 왕조나 패기와 야망이 없이 주어진 현실에 급급한 세력이 집권하면, 마치 불우한 왕조를 핍박하여 권력을 찬탈한 전형처럼 이야기되고 비난의 대상이 되었다.

　사마의 역시 그런 피해를 많이 봤다. 그는 조조 진영

의 책사策士였기에 조조와 더불어 비난의 대상이 되었다. 하지만 그는 어찐 일인지 조조가 재평가될 때도 대상에서 누락되기 일쑤였다.

분명히 사마의는 삼국지三國志 무대를 살다 간 여러 영웅호걸과는 다른 측면에서 살펴봐야 할 요소가 많은 인물이다. 그는 조조나 손권孫權, 유비처럼 창업자의 반열에 오르지 못했고, 조조와 순욱荀彧, 손권과 주유周瑜, 유비와 제갈량의 관계처럼 일인자와 한 묶음으로 대접받는 공신의 위치에도 오르지 못했다.

그는 역사의 현장에서 맞수였던 촉한의 승상 제갈량 때문에 한층 더 비하되고 깔아뭉개졌다. 그의 승리는 운세가 좋아서였고 명철한 전략 전술은 오히려 멍청하게 농락당하는 무모함으로, 결국 대국의 한심하기 이를 데 없는 군사령관으로 묘사되고 그런 이미지가 굳어졌다.

그러나 오늘날의 시각을 빌려 한마디로 평가하면 사마의는 최적주의자였다. 그런 모습은 어린 시절부터, 난세를 산 다양한 사건과 인간에 대해 고뇌한 점에서 찾아볼 수 있다. 사마의는 유학자 가문에서 태어났으나 농민 반란의 정당성을 이해하려 했고, 벼슬길을 꿈꾸면서 권력의 힘이 비겁하게 작용한다는 사실을 뼈저리게 맛보았으며, 그 권력이 올바르게 행사되지 않으면 그것은 바로 세상을 어지럽히고 백성을 도탄에 빠지게 하는 패악이라고 확신했다. 그리고 많은 야심가가 내거는 명분 속에 도사리고 있는 거친 탐욕과 위선의 허물을 제대로 살펴볼 줄 알았다.

세상에는 남보다 앞서가는 지적 능력을 갖춘 수재만이 값어치 있는 삶을 살아가는 것이 아니다. 실타래처럼 엉켜 있는 세상사를 감안해서 바라보면, 자신만의 독선에 빠진 인간형보다는 사유의 영역을 확대하여 유연하게 적응해간 인간형이 더 값지게 스스로를 가꾸었거나 세상을 만드는 데 공헌한 예가 무수히 많다.

그동안 소설에서 굳혀지고 일반에게 형성된 이미지로 바라보던 시각보다 현대에 필요한 인물상의 모델에 비춰서 사마의를 다시 살펴본다면 새로운 인물을 만나게 될 수 있다고 생각한다.

사마의 역시 난세를 살다 간 수많은 인물처럼 인간적인 고뇌에 흔들렸고, 욕망과 야망 사이에서 헤매기도 했다. 그러나 그는 적어도 자신에게 주어진 상황을 적극적으로 받아들이면서 수많은 영욕을 기꺼이 녹여 가며 모나지 않게 처신하는 인물로서 새롭게 바라볼 필요가 있다.

물론 그 역시 난세를 헤엄친 수완가 중 하나임은 틀림없다. 조조 같은 창업자로서 시대를 이끌어간 경영자도 아니었고, 제갈량처럼 천하를 요리하는 계책을 내놓고 완벽한 세상을 만들고자 분투 노력한 이상주의자도 아니었다. 오히려 주어진 현실에 순응하면서 보다 나은 세상을 만들고자 지모와 융통성을 최대한으로 발휘한 사람이었다. 또 뛰어난 실력을 갖추고 있음에도 고집을 부리지 않고 유연성을 발휘해 실패하지 않는 삶을 누렸던 점도 재평가되어야 할 부분이다.

이런 면모가 결국 그를 혼란의 시대를 통일로 이끈 삼국지 무대 최후의 승자로 만들었다는 사실을 진지하게 살펴봐야 한다는 말이다.

삼국시대에 관한 여러 기록물을 읽으며 얻는 인생 성공의 교훈이 무엇이냐고 독자들에게 물어보면, ① 건강하게 오래 살 것 ② 인재를 중시하고 중용할 것 ③ 따뜻한 포용

력으로 사람을 대하고 결단력 있게 일을 처리할 것 등을 꼽는다.

사마의는 어떤가? 그는 삼국지 무대에 등장하여 이름 깨나 떨친 영웅호걸들 가운데 가장 장수했다. 활동적으로 오래 살았다. 그리고 누구 못지않게 인재를 아끼고 야심가를 경계했다. 주변 사람들은 그가 겸허하고 예의 바르며 유교적 덕목으로 형성된 질서를 지키려 노력한 인물이었다고 평했다.

이 졸저는 사마의를 변호하기 위해서가 아니라 우리의 굳어진 의식 속에서 새로운 시각으로 성공의 가치를 헤아려보는 기회와 우리 나름의 식견을 가져보자는 뜻에서 시작했다.

예를 들어 오늘날 대부분의 40~50대는 주어진 여건 속에서 최선을 다하고 있으나 다른 세대가 볼 때는 꿈을 잃어버리고 편안한 기회를 엿보는 그런 모습으로 잘못 인식되고 있는 것 같다. 마치 사마의처럼 제대로 평가받지 못하는 듯하다.

이상주의자나 지나친 현실주의자가 바라보는 최적주

의자는 자칫 기회주의자나 의심 많고, 지조 없는 상대로 오해받기 십상이듯 밀이다. 사마의를 통해 우리 시대의 한 단면을 연결시키는 시도는 처음이라 부족한 부분이 한둘이 아닐 것이다. 개정판을 내면서 독자 여러분의 넓은 아량과 이해 그리고 지도편달을 부탁드린다.

2022년 12월
인천에서 나채훈

차례

 최적주의로 승리하다

 스스로 자신을 지켜내다

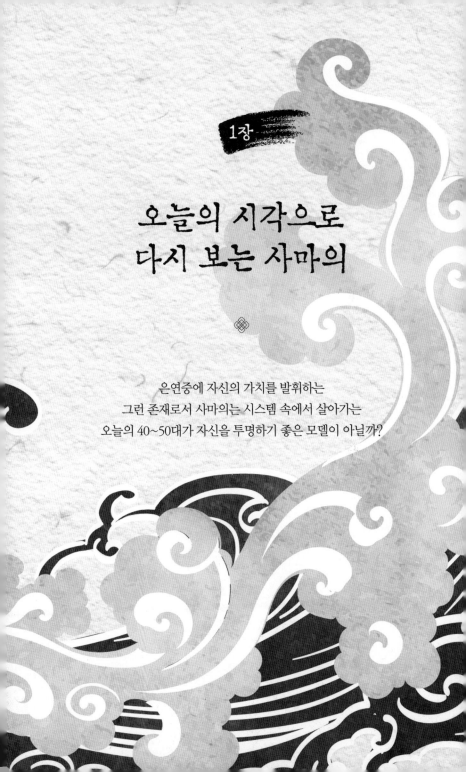

1장

오늘의 시각으로
다시 보는 사마의

은연중에 자신의 가치를 발휘하는
그런 존재로서 사마의는 시스템 속에서 살아가는
오늘의 40~50대가 자신을 투명하기 좋은 모델이 아닐까?

可 가
欺 기
宜 의
方 방

역사는 움직이는 것이다

삼국시대를 흥미진진하게 보여주는 소설 『삼국지연의』는 어리석고 무모한 황제 치하에서 신음하던 민중이 새로운 체제를 갈망하며 일으킨 봉기 이야기로 시작한다. 봉기의 모양새를 보면 그 시대의 논리나 세상을 이끌어가는 세력들이 추구하는 방향으로 봤을 때, 이는 반란이었다. 황제를 하늘이 내린 지배자로 추앙하던 당시의 상황으로 봐서는 도저히 있을 수 없는 대역죄를 범한 것이다. 하지만 오늘의 시각으로 보자면 그 봉기는 암울한 시대를 헤쳐나가기 위해, 힘없는 백성이 강구할 수 있는 유일한 자위책이었다.

우리는 흔히 진시황秦始皇을 이야기할 때 터무니없이 권력을 남용하여 백성을 탄압하고 억누른 폭군이라고 여긴다. 분명 그는 무리한 권력을 많이 사용했으므로 폭군이라는 불명예스러운 호칭으로 불리는 데 억울해할 이유가 없다.

하지만 세월이 지난 뒤 그가 이루어 놓은 유산을 두루 살펴보면, 오늘날까지도 그 일부가 이용되고 있는 도로를 건설했고, 거대한 성벽을 축조했으며, 농업 생산력을 높이기 위한 관개시설과 관료 제도를 정비하는 등 칭찬받을 만한 여러 치적을 상당수 남겼다. 기록에 따르면, 진시황이 건설한 고대의 간선도로 총 길이가 6,800킬로미터에 달한다. 세계사를 통틀어보아도 고대의 육상 교통에서 유례가 없는 치적을 남긴 것이다.

이렇듯 시대의 상황 그리고 변화하는 시대의 시각에 따라 역사의 평가는 달라져야 마땅하고 역사 인식은 그 폭을 넓혀야 한다.

『삼국지』의 무대가 펼쳐지기 직전 세상 돌아가는 형편

을 살펴보자. 후한後漢시대 말엽의 황제들은 국가나 사회, 백성들에게 단 하나의 칭찬받을 만한 유산도 남기지 않은 폭군이자 암군暗君이었을 뿐이다. 진시황보다 한참이 지난 시대를 다스린 통치자이면서도, 그들은 이전 세대 황제로부터 무엇인가를 배우거나 좀 더 나은 정치를 하려고 하지 않고 오로지 권력을 사리사욕에 이용했을 뿐이었다.

그들은 심지어 조정에 출사한 사대부들이 수신제가치국평천하修身齊家治國平天下 실현을 목표로 합의하고 작동해온 관료 제도를 완전히 뭉그러뜨렸고, 심지어는 돈을 받고 액수에 따라 직급을 나눠 팔았다. 매관매직을 통해 받은 돈으로 권력자들이 호의호식한 것은 물론이다. 그 이후 거의 4세기 동안 중국 대륙에서 미증유의 학살과 전란이 계속되어 세상은 암흑으로 빠져들었고, 문명이 이룩한 소중한 가치들이 사라져갔다.

무질서가 판치는 가운데, 북방 유목민들은 장성을 넘어 남쪽으로 침략했다. 이들은 말을 타고 사방을 돌아다니며 장난삼아 사람을 죽이고, 혀를 자르고 안구를 후벼내는 만행을 저질렀다. 이 모든 일을 그대로 당하는 이는 힘없는 백성들이었다. 중원의 상당수 부유층이나 식자 계층들은 장강長江(양쯔강) 이남으로 피난할 수 있었으나 힘없는 백성들은 고스란히 딩할 수밖에 없었던 것이다.

지도층 인사들은 악행을 저지른 야만인들을 나무라고, 아수라장이 된 세상을 한탄했지만 이를 조장한 황제에 대해서는 입을 다물었고, 세상을 바꿔보자고 나섰던 민중들의 행동에 대해서는 체제에 저항했다는 투의 야박한 평가를 남겼다. 유학을 신봉하던 지식인들이었으므로 차마 황제에게 반하는 내용을 남길 수 없었을 것으로 이해되지만 그것은 너무나 삐뚤어지고 지나친 일이었다.

심한 경우 그들은 무자비하고 포악했던 권력자를 미화하면서 적당히 기록하고, 때로는 잘못된 일까지 미덕으로 칭송하는 잘못을 역사로 정리했다.

역사가들은 간혹 황제에게 과감히 진언했던 몇몇 기개 있는 선비나 인물들에게 찬사를 보내기는 했지만 대체로 권력의 편에 서서 역사를 기술했다. 이들이 날조에 가까운 역사를 서술하며 어떤 대가를 받았는지는 자세히 알 수 없으나, 권력의 과오를 덮어주고 인신의 영달을 꾀했던 것만은 분명한 사실이다.

삼국시대에 활약한 인물들에 대한 평가와 기록이 실제

와 달리 왜곡된 이유는 민중의 분노가 반란으로 정해지고 악랄한 자들이 오히려 명신으로 포장된 까닭이다. 이런 유교적 지배 사관이 이후에도 계속 봉건시대의 체제 수호 논리로 이어져 왔음은 당시의 인물들을 새삼 살펴보는 데 있어 참고해야 할 중요한 부분이다.

분명히 삼국지 무대에 등장했던 영웅호걸들도 이런 상태에서 평가되고 이를 뒷받침하려는 자들에 의해 형편없는 대접을 받은 경우가 의외로 많다.

특히 후한 황제의 권력을 억제했던 조조와 그의 추종자들에 대해서는 좋은 평가를 기대하기 힘들었다. 손권 역시 마찬가지다. 황제를 유명무실하게 만든 조조와 맞서 싸운 유비 진영의 인물들을 영웅화하기 위하여 조조나 손권 진영의 가담자들은 별 볼 일 없는 인물로 처음부터 엉뚱하게 묘사되거나 의도적으로 격하했다. 심지어 조조 진영은 후한 황실을 무너뜨린 찬탈자, 반역 집단에 가깝게 매도당했다.

역사의 기록은 진실만으로 전달되지 않는다. 역사의 현장을 실제로 체험했거나 두루 살펴본 사람이 존재하지 않거니와, 후대에 전달하는 매개자가 유학자들이었기 때문에 더욱 심해졌고 이런 매개자를 우리는 관변 사가라 부른다.

우리는 비슷한 역사적 경험을 많이 가지고 있다. 일제 강점기를 거치면서 식민 사관에 의해 역사가 비틀어졌고, 이를 바로 잡자는 민족 사관에 의해 어떤 부분은 엉뚱하게 과장되기도 하였다. 그런 만큼 우리는 역사적 경험에 대한 인식이 남다를 수밖에 없다. 어찌 보면 삼국지 시대에 등장한 인물을 다른 인식으로 다시 살펴봐야 함은 역사의 질곡을 거친 우리들에게 의미 있는 작업일 수도 있다.

삼국시대를 비틀어버린 가장 큰 역할은 소설『삼국지연의』가 담당했다. 이 소설은 원말元末에서 명초明初 사이의 시기에 나관중羅貫中이란 작가가 쓴, 그야말로 흥미 만점의 '픽션'으로 오랜 세월 대중의 사랑을 받았다.

이 소설은 당시 활약한 인물을 통해서 한漢 민족에게 필요한 교훈과 사상 그리고 흥미 있는 이야기가 가감되었고, 진실을 뒤바꿔 명군 출현의 기대를 민중에게 심어주는 데 효과적이었다. 소설을 썼다는 것 자체는 작가 개인적으로 어떤 악의가 있는 것은 아니었을 테고 딱딱한 내용의 역사 기록보다 쉽고 재미있는 얘기를 꾸며 멋진 기록문화를 남긴 것이기에 칭찬받을 일이라 생각할 수 있다. 하지만 이 소설은 가공한 이야기로 읽힌 것이 아니라 많은 이들에게 역사서처럼 읽혔다. 소설을 역사로 받아들인 독자들의 잘못일지는 모르지만 이 때문에 역사를 살아간 인물이 잘못된 잣대에 의해 선과 악으로 나누어지고 평가받은 것은 바로잡을 필요가 충분히 있다.

역사를 냉철하게 응시해야 할 후대의 입장에서 본다면, 민중을 착취하고 죽음으로 몰아넣은 무도한 권력자를 오히려 진정한 지도자로 미화하거나 적당히 구색을 갖추어 칭찬하고 넘어가려는 태도 역시 묵과해서는 곤란하다는 생각이다.

어느 일방을 초인적 무용과 지혜의 화신으로 만들기 위해 다른 쪽의 진실까지도 슬쩍 눈감아 버리거나, 깎아내린 소설을 문학적 이미지로 즐기는 것이 아니라 역사적 이미지로 받아들이는 것은 바람직하지 않은 일이 아닌가.

지금 왜 사마의인가?

오늘날 우리가 일반적으로 알고 있는 '삼국지'란 앞서 말했듯이 정사 『삼국지』가 아닌 소설 『삼국지연의』다. 물론 정사 『삼국지』도 시대적 요구에 따라 진실과 다르게 기록된 부분이 많겠지만 『삼국지연의』는 소설이기 때문에 당연히 사건이나 인물에 대한 인상이 왜곡되어 그 피해를 많이 입은 쪽이 조조를 비롯한 그의 일파들이고, 그중에서 대표적인 인물은 사마의라 할 수 있다.

특히 소설은 처음부터 주인공으로 설정하고 거의 신격화시킨 제갈량을 칭송하기 위해서 그의 말년에 경쟁자 구도를 이어간 사마의를 의도적으로 깔아뭉갤 수밖에 없었을 것이다.

사마의는 원래부터 난세의 거센 흐름을 역류하는 영웅의 모습과는 거리가 먼 사람이었다. 자신을 일깨우고 소심하다고 여길 정도로 보신에 힘쓰면서 가문을 지키고자 주변 정황을 살피며 조심조심 살아가려 했던 인물이었다.

『삼국지연의』는 그의 이런 태도를 치졸하거나 음흉한 계략으로 묘사했고, 국가를 위한 결단은 권력을 노리는 권모술수로 그렸다. 심지어 사마의는 제갈량으로부터 조국을 지킨 승전 장군이었음에도 불구하고, 적장에게 농락당하다가 운수가 좋아서 가까스로 이기게 된 멍청한 인물로 묘사되었다.

과연 사마의가 야심에 가득 찬 권력욕의 화신이며, 적장에게 농락당하고 부하들로부터 비웃음당할 정도의 한심한 인물이었을까? 이 정도의 인물을 조조가 두 번이나 사신을 보내 초빙하려 했고 끝내는 강제로 끌고 오라고까지 했을까?

사마의의 진면목을 알기 위해서는 먼저 그를 발탁한 조조가 어떤 유형의 지도자였는지 살펴볼 필요가 있다.

진수陳壽가 펴낸 역사서『삼국지』〈무제기武帝紀〉말미에 다음과 같이 조조를 압축해서 평가한 기록이 나온다.

한나라 말기는 천하가 크게 어지러워지자 영웅호걸이 모두 일어났다. 그중에서 원소袁紹는 4개 주를 근거지로 삼아 호시탐탐 (권세를) 엿볼 정도로 강성하여 당해낼 자가 없었다. 태조(조조)는 계획을 세워 작전을 짜고 무력으로써 천하를 정복하였다. 그는 신불해와 상앙(춘추전국시대 국가를 부흥시킨 명재상들)의 치국책治國策을 받아들였고, 한신(항우를 무찌른 유방의 대장군)과 백기(진나라의 명장)의 기이한 전략戰略을 겸비했으며, 상설 기관을 두어 능력 있는 인물을 발탁하여 그들이 각자 자신이 지닌 바 재주를 맘껏 발휘하게 하였다. 또 자기의 감정을 자제하고 냉정한 계획을 진행했다. 과거의 악행은 염두에 두지 않았다. 마침내 국가의 큰일을 완전히 장악하고 대업을 이룰 수 있었던 것은 오로지 그의 총명한 지략이 다른 누구보다 비할 바 없이 뛰어났기 때문이다. 그야말로 비범한 인물이며 시대를 초월한 영걸 아닌가?

진수는 당시 중국 대륙의 삼분의 이를 차지한 조조의 능력이, 지략에 정통하고 유능한 인재를 찾아서 적극적으로 기용하여 적재적소에 임무를 주어 실력을 발휘하게 한 용인술用人術에서 기인했다고 했다.

조조는 실제로 철저하게 실용적으로 능력을 중시하여 인재를 골라 뽑았다. 인맥, 지역 연고, 출신 배경과 가문의 위광威光은 별로 참고하지 않았으며 그 당시 유행했고 일반적으로 행해졌던 인재의 기준, 신언서판身言書判 같은 조건마저도 그는 아예 도외시하였다.

이런 조조가 두 번이나 사신을 보내 영입하려 했고, 두 번째로 보낸 사신에게는 "이번에도 아프다는 핑계를 대거든 꽁꽁 묶어서 내 앞에 데려와라. 내가 직접 확인하겠다"라고 명령하기까지 했다. 사마의가 처음에 몸이 아프다고 변명하며 조조의 부름을 거부했기 때문이다.

조조가 첫 번째 사신을 보내 사마의를 불렀을 당시, 그는 원소를 물리치고 제일의 군벌 세력으로 올라섰을 때(서기 201년)였다. 이 무렵 조조는 새로 편입된 원소의 광대한 영지를 다스려야 했고, 북방의 오환족烏桓族이 점령하고 있던 지역까지 평정하기 위해 많은 인재를 필요로 했으며, 모으고자 했다.

사마의는 평범한 선비로서의 삶을 택하고 있었기 때문에 권력 쟁탈과 전쟁으로 얼룩진 중원의 정치판에 가담하고 싶어 하지 않았다. 이후에 다시 밝히겠지만 당시는 명성이 사방에 알려진 존재라면 당연히 군벌 세력을 골라 한편에 서야 했고, 이를 거부한다면 목숨조차 부지하기 힘든 상황이었다. 서로 세력을 키우느라 내 편 아니면 네 편이라 단정짓던 시절이었기 때문이다. 하지만 사마의는 그 편가름에 들어가기를 거부했다. 조조처럼 욱일승천하는 쪽에도 마음을 두지 않았다.

처음 파견된 사신은 허도許都로 돌아가서 사마의의 말을 전했는데, 다행히 이 무렵 조조는 북방 원정(오환족 토벌)에 나설 즈음이었으므로 이 일은 다음으로 미뤄졌다.

북방 원정을 성공리에 마치고 귀환한 조조는 이제 본격적인 천하 통일을 향한 남방 원정(형주 및 강동 정벌, 이때 적벽대전이 일어남)을 시도하려 하고 있었다. 북방 원정보다 많은 어려움이 예상되는 일이었으므로 더욱 많은 인재가 필요했다. 그래서 인재를 구하는 한편, 다시 한번 사마의에게 사신을 보냈다.

사마광司馬光이 지은 『자치통감資治通鑑』에 의하면 조조가 '이번에도(우리 편으로 들어오기를) 거절하면 죽여버리라'는 명령을 했기에 사마의는 목숨이 걸린 문제여서 하는 수 없이 응하여 조조의 측근 참모가 되었다고 전한다.

당시 중국 대륙의 최대 실력자 조조가 같은 편이 안 되겠다고 하면 죽이라는 명령까지 내릴 정도의 인재였던 데다 출세 자체를 탐탁지 않게 여겼던 사람이 과연 소설의 평가대로 '권력욕을 품고, 적장에게 농락이나 당하면서 대장군 직책을 놓지 않으려 했던 인물'일 가능성은 거의 없다고 봐야 하지 않을까.

사마의가 허도에 와서 벼슬길에 나아가게 된 일에 대해 소설『삼국지연의』(제 39회)에서는 일언반구 배경이나 과정에 대한 설명 없이 마치 가문의 위광이나 추천자의 덕분인 것처럼 간단한 설명으로 끝내고 있다.

사실 조조가 의랑이란 직책을 받아 낙양에 올라갔을 때 사마의의 부친인 사마방이 적극 추천한 일이 있었다. 그런 배경도 물론 작용했겠지만 아무튼 사마의가 벼슬길에 연연하지 않았음은 분명하다.

그의 자는 중달仲達이니 원래 하내군河內郡 온현溫縣 땅 출신이다. 영천 태수를 역임한 사마준의 손자요, 경조윤 사마방의 아들이며 주부主簿 벼슬에 있는 사마랑의 동생이다.

사마의의 집안이 권문세가였기 때문에 그의 출사에 있어 약간의 후광이 작용했을 테지만 명문 집안의 후손이고 은혜를 입은 사람의 후손이었기에 조조가 그를 발탁한 것이 아니라고 단정할 만한 증거는 수없이 많다. 우선 여러 가지 정황에서 나타나는 조조라는 인물의 됨됨이다. 널리 알려진 바와 같이 조조는 그 자신이 유망한 집안의 일원이 아니었기 때문에 평민 의식을 갖고 있었다. 또 사마의를 발탁한 이후의 일이지만 〈구현령求賢令〉(명본지령明本之令이라고도 함)을 통해 다음과 같이 인재 등용의 원칙을 공식적으로 선포하기도 했다.

천하가 안정되지 않은 상황에서 능력 있는 인재가 시급하다. 재능이 있는지 없는지가 중요하지 털어서 먼지 안 나는 사람을 찾기 위해 과거의 잘못을 시시콜콜 따질 것 없다. 설령 불미스러운 소문이 나서 성품이 나쁘고, 어질지 못하고, 불효자라 할지라도 능력만 있다면 어떻게든 발탁하여 유용하게 쓰겠다.

가문이나 명성 또는 시중의 여론 따위는 전혀 고려하지 않겠다는 강력한 선언이었다. 사마의의 집안과 배경이 얼마나 훌륭하든 간에 능력이 뛰어나지 않았다면 결단코 조조에게서 부름을 받지 못했을 것이 분명해 보인다.

『삼국지연의』에서는 출사 이후에도 사마의의 치적과 행적을 교묘히 깎아내리고 있다. 어떤 인물에 대해 이런 식의 정도를 넘는 왜곡을 하는 까닭이 뭘까? 그 사람이 뛰어난 인재였기 때문이 아니었을까 하는 궁금증을 유발하게 한다.

더구나 사마의는 어떤 일이든 간에 앞장서는 유형의 인물이 아니었다. 예를 들면 제갈량처럼 젊은 나이에 군벌의 참모로 나서자마자 주군의 기대를 한 몸에 받고 일약 최고의 벼슬에 오른 것이 아니었다. 요즘으로 보면 40대에 대기업의 과장급 정도로 발탁된 정도. 뛰어난 능력을 갖추고도 눈에 띄지 않는, 아니 다른 이들의 눈에 띄기 힘든 시대를 살고 있는 오늘의 40~50대처럼 책임을 지고 앞에 나서는 존재보다 밑에서 받쳐주는 역할로써의 등장이랄까.

따라서 은연중에 자신의 가치를 발하는 그런 존재로서의 사마의는 시스템 속에서 개인의 자질이나 포부는 접어두고 생존이라는 틀 안에 묶여 살아가는 오늘의 40~50대가 자신을 투영해보기에 적절한 상대가 아닌가 싶다.

사마의의 진면목

『자치통감』에 의하면, 원소의 가신이었다가 실망하여 나중에 조조의 가신으로 전향했던 최염崔琰이 사마의의 형 사마랑에게 다음과 같이 이야기한다.

자네 동생 의는 어릴 때부터 총명하고 공명정대하고 진실하며 강단이 있고 영특했다.

기록에 의하면, 최염은 성품이 바르고, 어떤 경우에도 소신을 굽히지 않는 인물이다. 그는 원래 원소의 가신이었으나 원소가 죽고, 원소의 두 아들 원담袁譚과 원상袁尙이 세력 다툼을 하자 어느 누구의 편에도 가담하지 않겠다고 해서 옥에 갇혔다. 이후 조조가 기주를 정복하고 군사를 모집하려고 하자, 조조에게 전란에 지친 백성을 쉬게 해주어야 한다고 직언하였고 조조가 이를 받아들였다는 이야기도 전해진다.

이후 최염은 조조가 위왕으로 즉위하는 사건에 대해 비판했다가 다시 옥에 갇혔다. 옥에 갇혀서도 자신의 뜻을 굽힐 줄 몰랐고, 마침내 조조는 최염에게 자결할 것을 명했다. 최염은 주저 없이 자신의 선택에 책임을 지고 스스로 목숨을 끊었다.

이런 사례에서 보듯이 최염은 시세에 따라 뜻을 접고 아부하거나, 목숨이 위태롭다고 해서 한 번 정한 소신을 바꾸는 그런 하류배가 아니었다. 최염이 당사자를 앞에 두고 칭찬한 것이 아니라 사마의의 형에게 한 말이기는 하나 앞선 평가는 진정성이 담겨 있다고 볼 수 있다.

어릴 때부터 총명했다고 칭찬받은 사마의가 『삼국지연의』에 모습을 드러낸 것은 그의 나이 서른 살을 넘긴 건안 13년(서기 208)부터이다. 고향에서 지방 벼슬아치로 만족하며 자신의 직분에 충실하게 살아가던 그는 늦은 나이에 조조 진영에 가담했다. 호기롭게 자신을 내세우며 등장한 인물들과 달리, 사마의는 세상에 나가 자기의 뜻을 펼칠 의향이 전혀 없었지만 강제로 군벌에 가담했다. 하지만 사마의는 자신이 하는 일에 진지하였고, 하나의 판단을 할 때도 거듭 헤아려서 가장 안전한 방향으로 했다. 이 세상에는 일인자가 성공하기 위한 능력과 자질도 중요하지만 결국 뛰어난 이인자가 뒤에서 밀어주어야 성공을 향해 달려갈 수 있는 법이다. 사마의는 그런 면에서 볼 때 바람직한 이인자형이라 할 수 있고 조조는 괜찮은 부하를 하나 더 영입한 것으로 볼 수 있다.

서른 살이 되어서야 조조의 부름에 따를 수 밖에 없었던 사마의는 출사하자 승상부丞相府의 문학연文學掾(교육기관을 관리하고 경학을 가르치는 관직으로 오늘날 총리실의 교육 담당 비서관에 해당)이 되었고, 이어서 황문시랑黃門侍郎(시종장), 동조속東曹屬(인사담당관), 주부主簿(총무재정담당관)를 역임하는 등 허도의 조조 정권에서 여러모로 다양한 경력을 쌓게 된다.

이후 풍운의 삼국시대를 이끈 영웅들 관우, 장비, 조조, 유비 등등이 모두 스러져 갔고, 그는 위나라의 중신이 되어 촉한의 승상 제갈량과의 마지막 승부에서 승리를 거두었다. 당시로서는 상당한 고령인 예순 살이 넘어서 전횡하는 황족들의 세력을 무너뜨리고 장차 사마씨 왕조를 세우는 기틀을 마련하게 된다. 그리고 그의 손자 사마염은 그렇게 영웅들이 갈구했던 위·촉·오 삼국을 통일했다.

이런 사실을 종합해서 보면 사마의야말로 어지러운 세상에 서두르기보다 차근차근 계단을 밟고 올라가 스스로의 힘으로 자기 인생을 개척하여 마침내 후손을 통해 창업주의 반열에 오른 진정한 승자라는 생각이 든다.

난세일수록 '강한 것이 살아남는 것이 아니라 살아남은 것이 강한 것'이라는 진리를 몸소 실천으로 보여준 인물이라고 할 수 있다.

사마의는 살아남기 위해서 그만의 독특한 철학을 행동의 밑바탕에 깔았고, 그것을 철저히 지킨 사람이었다. 그 철학은 현실에 철저히 적응하면서 무엇이 최선인지를 찾아내고 이를 적극적으로 실천해가는 최적주의자로 사는 길이었다.

이런 모습에서 완벽주의자이자 이상주의에 불타는 지혜의 상징 제갈량의 최대 경쟁자가 바로 최적주의자였다는 묘한 대비가 현대에 와서 다시 사마의를 재조명해보고 싶은 유혹을 강렬하게 주는 것인지도 모르겠다.

살아남기 위한 노력이 결과적으로 천부적 능력자를 물리치고, 시대를 이끌어간 걸출한 영웅들조차 이루지 못한 위업을 이루게 되었으니 최적주의자 사마의에 대한 재평가는 흥미 이상의 의미가 있을 것이다.

왜 사마의의 이미지는 크게 왜곡되었나?

다시 강조하지만, 사마의의 진면목을 심히 왜곡시키는 데 결정적인 역할을 한 것이 소설 『삼국지연의』다. 이 소설은 오래전부터 역사적 사실과 무관하게, 삼국시대에 대한 어떤 역사서보다도 인기와 흥미를 끌며 일반인들에게 역사 교과서 이상의 심대한 영향을 끼쳤다.

청나라 태종(황태극) 때 이 소설은 황실 내부 문건으로 분류되어 정책적으로 만주어로 번역까지 해서 황족들에게 나누어 주기도 했다. 이유는 단 하나, '지략智略을 좋아하면 이 책자를 지혜의 경전으로 삼고, 무략武略을 좋아하면 전략과 전술의 교본으로 삼아 익히라'는 뜻이었다. 소수의 만주족(여진족)으로서 자기들보다 10배 이상 많은 한족漢族을 다스리고 우위에 서고자 했던 까닭이다.

동시에 소설이 처음 나왔을 때 주인공이 장비였고, 황태극의 요구가 지략이었든 무력이었든, 초기 소설에서 제갈량의 활약상은 한정적이었다. 그리고 무력을 앞세운 장비의 모습 못지않게 지략을 발휘하여 천하 통일의 기반을 만든 인물이 사마의였던 만큼 그의 역할이 꽤 중시되었을 것으로 추측한다.

　여기서 소설 『삼국지연의』가 출판되어 나오기 전부터 출간 이후 판을 거듭하는 과정(증보되거나 새로 가미되는 변화)을 살펴볼 필요가 있다. 소설 『삼국지연의』의 작자는 나관중인데 그는 원말명초(14세기)에 활약한 외에 특이사항은 없다. 이 소설은 14세기에 이르러 출간되었지만 이야기의 줄기가 이때 처음 나타난 것이 아니라 이전 시대인 송宋대에 유사한 여러 가지 이야기들이 일반에 회자되고 있었던 것이다.

　나관중이 희곡 작가로 활동한 원나라 말기에는 희곡을 '원곡元曲'이라고 했다. 그 내용은 대부분 시중에 떠도는 야담野談에서 비롯된 것이지만 엉뚱하게 꾸며진 것이 아니라 이야기꾼들의 만담으로 전해지면서 조금씩 역사적 사실에 바탕을 두고 뼈대를 완성한 후 살붙이기 과정을 통해 흥미롭게 각색되었다는 특징이 있다.

　이전에 쓰였던 원곡 중 현재까지 전해 내려오는 것으로는 〈연환계連環計〉〈격강투지隔江鬪智〉 등이 있고, 표제만 남아 있는 〈관대왕단도회關大王單刀會〉〈칠성단공명제풍

七星壇孔明祭風〉〈제갈량추풍오장원諸葛亮秋風五丈原〉〈관운장천리독행關雲長千里獨行〉 등이 있다. 여기서『삼국지연의』속에 설정되어 있는 각 장의 제목과 동일한 것이 상당히 많이 있음을 알 수 있다. 나관중은『삼국지연의』를 쓰면서 이런 이야기들로부터 많은 영향을 받았을 것으로 짐작된다.

『삼국지연의』보다 앞선 삼국시대에 관한 소설로는『전상삼국지평화全相三國志評話』가 있다. '전상全相'이란 그림이 삽입되어 있다는 뜻으로 책의 구성이 상하 2단으로 나누어져 있는데 상단은 그림, 하단은 글이 있는 형식이다. '평화評話'란 이야기책이란 의미이다. 즉 이야기꾼이 오래전부터 민간에 구전되어 온 것을 재미있게 꾸며서 쓰고 삽화까지 넣어 펴낸 것이라고 보면 된다.

이『전상삼국지평화』역시 진수의 정사 역사서인『삼국지』등 여러 역사서에서 골격을 따왔다. 제갈량의 죽음까지를 중심 내용으로 다루고 사마의를 조상으로 모시는 통일제국 진晉나라 이야기가 덧붙여진 전개는 소설『삼국지연의』와 그 구성상 대략 일치한다. 그런데 내용은 엉뚱하게도 꿈속에 나타난 재판 형식을 빌리고 있다.『전상삼국지평화』에서는 사마중상司馬仲相이라는 인물이 꿈속에서 저승의 재판을 주재한다.

재판정에 등장하는 원고는 한나라 건국공신이었다가 여후呂后(유방의 황후)에게 죽은 한신韓信과 팽월彭越, 영포英布이고, 피고는 한고조 유방과 여후다.

여기서 한신은 조조, 팽월은 유비, 영포는 손권, 유방은 헌제獻帝, 여후는 헌제의 정실부인인 복황후伏皇后로 각각 변신하게 되는데 사마중상은 오랜 시간 동안 재판을 잘 마무리한 공로를 인정받아 환생하여 사마의로 역사에 등장한다는 줄거리다. 사마의의 역할이 매우 중시되었음을 알 수 있는 대목이다.

이처럼 역사적 사실과는 다르지만 당시 세태에 일반화되었던 복수 사상과 인과응보, 전생前生과 환생還生이라는 불교적 사회상을 반영하여 흥미를 가미했던 것이라 보면 된다.

이 무렵은 중국 대륙에서 주자학이 중심으로 자리를 잡은 시기이기도 하다. 주자학은 충인예의忠仁禮義라는 4가지 사상을 중심으로 하기 때문에 촉한을 세워 한나라를 잇겠다는 유비에게 많은 유학자들이 정통 후계 세력이라는 지지를 보냈다.

영토나 인구 등 실질적으로 한漢의 뒤를 이은 나라는 조위曹魏지만, 조의 위나라는 전 황실을 탄압하여 권력을 찬탈했다는 느낌을 주었기 때문에 주자학의 사상과는 맞지 않았다. 한편 유비의 촉한은 비록 정통성을 물려받거나 한 것은 아니지만 유비가 후한의 마지막 황제인 헌제의 먼 친척이며, 또 끝까지 황실에 충성했다는 이유로 그럴듯한 후계 세력처럼 포장되어 있었다.

이것이 지금까지 논쟁이 계속되고 있는 조위정통론과 촉한정통론의 배경이다. 실제로 국토와 백성, 명분을 차지하여 이은 자가 정통인가? 아니면 황실의 계보를 잇겠다고 나서는 자가 정통인가? 이 논쟁에 대해서 옳고 그름을 판별하는 일은 여기서 목적하는 바도 아니려니와 당시 촉한정통론이 우위에 있었기 때문에 촉한을 정통으로 하는 이야기꾼들의 만담이 널리 퍼져 있었다는 사실만은 분명히 해두고자 한다.

이런 배경에서 지금 우리가 읽는 소설 『삼국지연의』로 이어지는데 여기서 유비, 제갈량, 관우, 장비 등은 진정한 충신이자 걸출한 인물로 묘사되고 있는 반면, 조조는 불쌍한 후한의 황제와 황후를 탄압하고 심지어는 죽여버리는, 그야말로 희대의 역적이자 악당으로 계속 강조되었다. 선과 악의 구조가 충忠을 기본으로 명확했던 시대이니만큼 조조 측은 악한이 되고, 그에 대항하는 유비 측은 인간능력을 뛰어넘는 덕망과 지혜 그리고 용맹의 화신으로 미화된 점은 어쩔 수 없는 일이었다.

나관중이 쓴『삼국지연의』는 이후 모종강毛宗崗 부자父子에 의해 서두와 본문의 구절에 비평이 더해져 요즘 전하는『삼국지연의』의 모습을 갖추게 된다. 이 소설에서는 심지어 다른 사람의 업적까지도 유비의 군사 제갈량의 천재성을 찬양하기 위한 내용으로 꾸며대거나 유비 휘하의 장수를 추어올리기 위해서라면 조조 진영이나 손권 측 장수들은 가차 없이 매도하는 것이 당연시되었다.

그런 사례는 무수히 많으나 특히 사마의에게 국한해서 예를 들 만한 것이 북벌 당시의 가정에서 마속馬謖이 실패하고 제갈량이 조그만 성채에서 궁지에 몰렸을 때 엄청나게 각색되어 나타나는데 평소와 다른 제갈량의 대담한 작전이 사마의가 지휘하는 대군을 물리친다. 이른바 공성계空城計다. 공성계는 병서에 나오는 삼십육계 서른두 번째의 계책으로 패전을 앞둔 일종의 도박으로 보면 된다. 당시 제갈량이 거느린 병력이 별로 없음에도 성안에 복병이 있는 것처럼 속이고, 수적 우위에 있는 상대와 싸움에 임하는 허허실실 작전을 구사하여 성공을 거두는 것이다.

실제로 제갈량이 공성계를 썼는지 안 썼는지 의견이 분분하다. 하지만 촉한정통론을 주장하는 쪽에서는 제갈량의 빛나는 전과처럼 묘사하면서 사마의를 깔아뭉개고 있다.

오로지 신중한 사람만이 대담한 일을 할 수 있다. 또한 신중한 사람만이 대담한 일을 할 수 없다. …… 제갈공명이 평소에 신중한 사람이 아니었다면 일순간에 감히 대담한 일을 하지 못했을 것이다. 중달이 공명의 일순간의 대담함을 의심하지 않은 이유는 바로 평소에 공명이 신중했다는 걸 믿었기 때문이었다. …… 만일 중달이 아니고 제갈량이 산적과 부딪쳤다면 산적들은 곧바로 공격하여 공명을 붙잡아 갔을 것이다.

궤변과도 같은 이 글만 보면, 대군을 거느린 사마의가

산적보다도 못한 의심투성이의 인물처럼 보이게 묘사하고 있다. 하지만 이런 서술은 당시 북방의 오랑캐에게 쫓겨 남쪽으로 물러나 연명하는 남송시대 한족 대중의 지지를 받았다.

더하여 하늘의 뜻을 받들어 집권하는 왕조에 대한 충성심을 백성들에게 전파하고 체제에 복종하는 인간으로 교육하고자 이런 식의 터무니없는 이야기가 만들어지고 흥미를 위해 한 편의 연극 대본처럼 각색되었다.

이 공성계에 관한 진위 여부나 자세한 내용은 제5장에서 다시 다루려 한다. 이 장에서는 왜곡이란 점에 방점을 둔 것이고, 제5장은 맞수대결에 있어 제갈량과 사마의의 입장이나 역사적 사실에 보다 비중을 두었다.

아무튼 사마의는 여러모로 소설에 의해 손해를 보고 있다. 어느 면으로 보나 그는 촉한의 명재상 제갈량 못지않은 지략가였고, 자기 관리에 철저하여 삼국지 영웅호걸 가운데 가장 오래 산 인물이다. 실질적으로 그가 삼국 분란 시대의 마침표를 찍게 만든 최후의 승자였음은 일단 정리해둘 필요가 있다.

삼국시대를 살다 간 인물 중에서 사마의를 오늘날 우

리 주변에서 쉽게 만날 수 있을 정도의 처세술이나 가치
관을 지니고 있으면서 능력만큼 대접받지 못하는 불운한
40~50대 중견 세대의 모습과 겹쳐보면 어떨까?

큰일을 위해서 일시적 분노나 공명심을 눌러 인내심을
발휘하고, 설령 순간에는 모욕당하고 손해를 볼지라도 먼
훗날을 기약하면서 상황에 알맞은 가장 적절한 태도로 임
하는 자세를 사마의의 경우에 비춰보며 음미해보고 싶은
것이다.

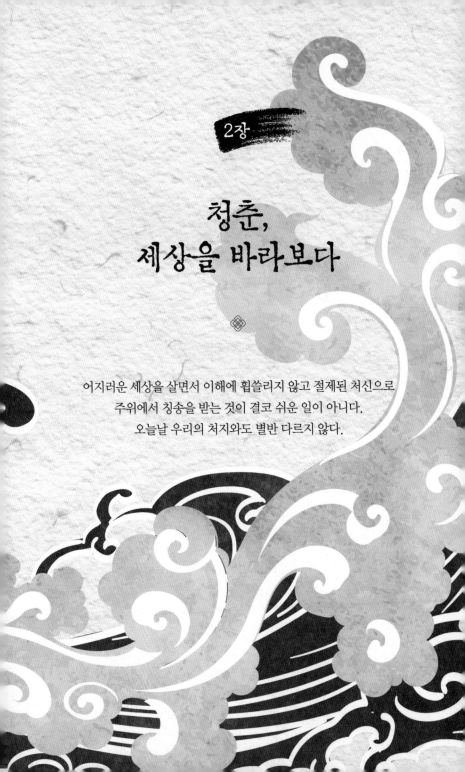

2장

청춘,
세상을 바라보다

어지러운 세상을 살면서 이해에 휩쓸리지 않고 절제된 처신으로
주위에서 칭송을 받는 것이 결코 쉬운 일이 아니다.
오늘날 우리의 처지와도 별반 다르지 않다.

隱은
忍인
自자
重중

집안의 내력을 물려받다

사마의가 소설과 달리 괜찮은 인물이라고 한다면 그가
과연 어떤 의미에서 본받을 만한 덕목을 지녔고, 어느 정
도 기량을 소유했다고 평가해야 적절할까? 소설보다는 역
사서와 각종 기록을 토대로 삼아 그의 행적을 살펴 이런
의문점을 하나씩 풀어가 보자.

우선 그가 출생한 집안 내력과 배경 성장, 시기의 상황
과 그의 태도 등 기본적인 이해를 필요로 하는 부분부터
살펴보기로 한다.

하내군 온현의 사마씨 집안은 후한시대 전국적으로 손꼽히는 일류 대족(명문가이자 세력 있는 귀족)으로 명성이 높았다.

유방劉邦과 항우項羽가 천하를 다툰 초한쟁패 시대에 유방의 부하였던 사마앙司馬卬이라는 장수가 공적을 세우고 그의 일족들이 논공행상으로 하내 땅을 하사받아 정착한 것이 온현의 사마씨 집안이 출발하는 계기였다고 전해진다.

사마앙은 처음에 항우를 따랐으나 유방의 장수인 신양申陽의 설득으로 유방에게 전향했다가 끝내는 항우에게 죽임을 당하였다. 이후 8세대가 지난 후 정서征西장군 사마균司馬鈞이 사마씨 집안을 크게 일으켰다고 한다.

사마균이 예장태수豫章太守 사마량司馬亮을 낳았고, 사마량이 바로 사마의의 조부 사마준司馬儁을 낳았는데, 그는 학식이 높고 도량이 넓은 데다 신장이 8척 3촌에 허리둘레가 5척이나 되는 거한으로 많은 사람이 우러러보았다.

사마의의 부친 사마방司馬防 대에 이르러서 이 집안은 크게 융성했다. 그는 자가 건공建公으로 성격이 소탈하면서도 정직하며 공정한 인물로 평소에도 위엄을 갖추고 있는 데다 『한서漢書』의 〈명신열전名臣列傳〉을 좋아하여 수

십만 번 낭송할 정도로 품위 있는 선비였다. 벼슬길에 나아가서는 다른 지방관과 달리 진심으로 백성을 아끼고 돌보는 투철한 목민관 정신의 소유자였다.

전해 오는 바로 그는 젊어서 주군州郡의 벼슬에 나아가 낙양령洛陽令, 경조윤京兆尹(한나라의 서울을 지키어 다스리는 으뜸 벼슬) 등 고위직을 지냈고 말년에 기도위騎都尉로 전임하였는데, 관청의 일을 끝내고 귀가하면 대문을 걸어 잠그고 외부와의 교류를 단절함으로써 허튼 만남을 철저히 삼갔다. 당시에는 관료 사회에서 뇌물을 공공연하게 주고받던 풍조였으므로 탐관오리일수록 많은 사람을 사귀면서 사욕을 채웠고, 야심 있는 자들은 자신의 평판을 높이고자 대문을 일부러 활짝 열어 놓고 사람들을 초대하여 먹고 마시면서 질탕하게 즐기는 연회 문화가 성행했다.

사마방은 세속적 취향의 인간형이 아니었다. 자식들의 교육에 있어서 대단히 엄격하여 그의 자녀들은 부친의 분부가 없으면 그 앞에서 자리에 앉을 수 없었고, 함부로 밖에 나돌아 다니지도 못했으며, 심지어 허락 없이 말대꾸하는 것조차 철저히 금했다. 어찌 보면 융통성이라고는 전혀 없는 위인이었다.

하지만 사마방의 아들 여덟 명은 엄격한 가풍 속에서 기대 이상으로 자질이 뛰어나 사람들이 '팔달八達'이라고 부르며 칭송했다. 이 가운데 둘째 아들인 중달仲達 사마의가 가장 특출하여 일찍이 '왕좌지재王佐之材(임금을 보좌할 만한 유능한 인재)'라는 칭송을 받았다. 이런 소문은 인근 고을까지 자자하게 퍼질 정도였다.

재미있는 것은 이 사마씨 집안의 남자들은 체격이 매우 건장해서 어린 나이에도 어른처럼 덩치가 컸다는 점이다. 그래서 처음 보는 사람들은 그들이 나이를 속인 것이 아니냐는 의심까지 했다고 한다.

사마의의 형인 사마랑이 열두 살 때 경서 시험을 보러 갔는데 시험 감독관이 그의 체격을 보고 의심하여 '똑바로 나이를 대라'고 하자 그는 이렇게 대답했다.

"제 아버님과 어머님 쪽은 대대로 신체가 장대하셨습니다. 제가 비록 나이는 어리지만 높은 곳만을 바라보는 속된 마음은 없습니다. 나이를 속여 일을 성취하려는 것은 제가 뜻을 세워 하고자 하는 바가 아닙니다."三國志, 魏書

이 의연한 대답에 시험관은 오해를 풀고 오히려 그를 남다르게 여겼다.

동탁董卓이 조정을 장악했을 때, 사마의는 열한 살이었다. 당시 그의 부친 사마방은 조정의 치서어사治書御史를 맡고 있어 가족 모두가 낙양에 거주하고 있었다. 그 무렵 원소와 조조 등이 포악한 동탁의 행태에 분노한 지방 군벌을 규합하여 반동탁 연합군을 결성, 낙양을 향해 도전해 오자 동탁은 세가 불리함을 알고 도읍을 장안長安으로 옮기면서 조정 대신은 물론 백성들 모두 서쪽의 장안으로 이주하라는 엄명을 내렸다.

사마방은 동탁의 조치에 따르지 않고, 큰아들 사마랑을 시켜 가족들을 데리고 고향 온현으로 돌아가라고 했는데, 동탁은 이것을 낙양에서 도망치는 것으로 오인해서 붙잡아 오게 했다.

동탁은 원래 자신도 체격이 크고 용맹하다고 여겨 이런 형을 좋아해서 덩치가 크면 호의적인 태도를 보였는데, 다행히 사마랑과 사마의 등 형제들의 체격이 컸다. 동탁이 심하게 처벌하지 않은 데다 동탁의 수하들에게 뇌물을 바쳐서 사마씨 집안 가족들 모두 무사히 고향으로 돌아올 수 있었다.

고향에 돌아오자, 사마랑은 동네 사람들을 모아놓고

동탁에 대해 이런 말을 했다.

"동탁은 천명을 거스르고 모반하여 세상 사람의 원수가 되었습니다. 이제 충신과 의로운 선비가 힘을 합쳐 일어나고 있습니다. 그런데 하내군은 도읍의 변방과 서로 이어져 있고, 낙양의 동쪽으로는 성고成皋 땅이 있으며, 북쪽으로는 황하의 거센 물결로 이어져 있으므로 의병을 일으킨 자들이 만일 더 이상 나아갈 수 없을 경우, 그 세력은 반드시 이곳에서 머무르게 될 것입니다. 따라서 이곳은 사분오열하는 전쟁터가 될 것이 분명하고 우리 자력으로 지키기도 어렵습니다. 아직 기회가 있으니 모두 가족을 데리고 동쪽 여양黎陽 땅으로 옮겨가는 것이 좋을 듯합니다."三國志, 魏書

마을 사람들은 사마랑의 충고를 듣지 않았으나 같은 현의 조자趙咨만은 가족을 이끌고 사마랑과 함께 여양으로 옮겨 갔다. 물론 사마의도 형을 따라 동생들을 돌보며 여양으로 갔다.

이들이 다시 고향으로 돌아온 것은 장안으로 옮겨가 폭정을 일삼던 동탁이 여포呂布에게 죽은 후였다. 동탁을 주살한 왕윤王允이 장안을 다스렸으나 곧 옛 동탁의 부하인 이각李催과 곽사가 군대를 모아 쳐들어오고 또 내부에 혼란이 일어나면서 왕윤은 자살하고 많은 우국지사들은 처형당했다. 이로써 장안은 다시 이전 동탁군의 무자비한 폭정이 계속되는 암울한 지경이 되었다.

이 시기는 연주兗州 일대에 기반을 두고 상단한 세력을 구축한 조조가 복양성濮陽城에서 여포와 한창 싸우고 있을 무렵이었고, 사마씨 집안이 살고 있는 온현 지역은 원소에 의해 어느 정도 평정되었다.

전국에 메뚜기 떼가 내습해 극심한 대흉년이 든 시기 또한 이 무렵이다. 사서는 백성들은 너무나 곤궁한 나머지 사람을 잡아먹는 암울한 처지에 빠졌다고 전한다. 고향으로 되돌아온 이후 사마랑은 온현 고을에서 동생 사마의와 함께 식량을 모아 주민들에게 적절히 배급하는 등 위기를 극복하고, 나이 어린 사람들을 모아 가르치며 동생들에게도 학업을 게을리하지 않도록 하는 등 모범적인 처신으로 주변 사람들로부터 존경받았다.

사마의는 아직 성인이 아니었으나 활달한 성품에 적극성을 발휘하여 형 사마랑이 하는 일을 도우며 동생들을 돌보았는데, 맡은 일에 조금도 차질이 없었다. 그 후 사마랑이 동군東郡에 자리 잡은 조조에게 부름을 받아 고향을 떠날 때 사마의의 나이는 열다섯 살이었다. 사마의는 고향에서 형을 대신하여 그동안 해오던 일을 도맡았고 집안을 이끌었다.

사마씨 집안은 선대 때부터 검소한 생활을 전통으로 삼았다고 한다. 부친 사마방도 그러했지만 우선 사마의의 형 사마랑을 보면 벼슬을 할 때에도 항시 비루한 옷을 입고 거친 음식을 먹었으며, 생활하는 자세가 검소하여 많은 이들의 모범이 되었다고 한다.

사마랑은 스물두 살의 나이에 조조의 휘하로 들어갔는데 동생들을 남겨두고 가는 걸 몹시 안타까워했으나, 바로 아래 동생인 사마의가 의젓하게 성장하여 자신이 했던 일을 물려받을 수 있을 정도의 능력과 인품을 갖추고 있었기에 홀가분한 마음으로 조조 진영을 향해 떠났다고 한다.

난세를 배경으로 성장하다

형이 떠난 이후 사마의는 어린 동생들을 거느리고 이웃을 돌보는 생활을 계속했다. 시대는 바야흐로 혼란이

극에 달한 난세였다.

난세란 기존 사회를 지탱하던 가치관이 무용지물로 변하는 시기이다. 밝은 내일을 기약할 수 없는 암울한 상황이기도 하지만 새로운 인생을 적극적으로 꿈꾸는 사람들에게는 자신이 처한 상황을 일거에 180도 바꿀 수 있는 절호의 기회이기도 하다.

사마의가 태어나고 자란 시기는 바로 시대 말기적 혼란기였으며 기회를 노리는 인물들이 여기저기서 등장했다. 그는 후한시대 최악의 황제로 꼽히는 영제靈帝가 다스리던 희평熹平 8년(서기 179) 낙양에서 동북쪽으로 약 3백 리쯤 떨어진 하내군 온현에서 태어났다. 이곳은 지역적으로 수도에서 꽤 떨어졌으나 조정의 정치적 상황에 직간접적으로 영향을 많이 받는 곳이었다. 영제는 자질 면에서 너무 부족한 황제였고 조정 대신들은 매관매직으로 벼슬을 돈벌이에 이용하고 있었다. 또한 각지에 뿌리내린 군벌이나 호족들은 앞다투어 백성의 고혈을 빨았다. 뿐만 아니라 벼슬을 팔기도 했는데 외상 기래도 이루어졌다.

벼슬자리가 조정의 요직이면 내정액으로 1천만 전을 더 냈고, 같은 지방장관이라 할지라도 지역 특산품이 있거나 농작물 생산량이 많은 곳, 흔히 말하는 물 좋은 곳으로 가려면 일정한 양의 돈을 더 내야 했다.

공고를 보고 요구하는 벼슬자리에 임명되면 약정액의 절반을 선금 형태로 냈는데 이를 외상으로 하면 나중에 2배를 받았다. 해괴한 관직 대매출이었다.

돈을 주고 벼슬자리를 산 관리들이 하는 일이란 본전을 찾는 일이었고, 거기다가 이자까지 거둬들이는 것은 물론 앞으로 더 높은 벼슬자리를 구하기 위한 별도의 목돈을 만들기 위해 혈안이 되어 백성의 재물을 갈취했다.

당시 통치이념인 유학에 의거한다면, 황제란 하늘의 뜻을 받아 지상의 백성을 교화하고 다스리는 유덕자였다. 백성은 황제를 모시기 위해 존재하는 것이나 마찬가지였으니, 관리들이 저지르는 악행을 막을 장치는 어디서도 기대할 수 없는 상황이었다. 오히려 조정이 이러한 수탈과 착취를 권장했다고 할 수 있다. 조정에서는 나중의 관직 임기를 줄여 팔아먹으려 했다. 요즘 말로 하자면 회전율을 높이려는 것이었다. 이런 탓에 벼슬아치들은 짧은 기간에 많은 재물을 착취하고자 더욱 기승을 부렸다.

당시 사마직司馬直이라는 사람의 경우를 보면, 매관매

직이 어떤 지경이었는지 좀 더 분명해진다(사마직은 성이 같을 뿐 사마의와는 관련 없는 사람이다).

사마직은 성품이 온건한 인물로 어지러운 세태를 탄식하며 백성들에게 선정을 베풀 요량으로 약간의 돈을 마련해서 지방 태수직에 지원했다. 마침내 조정에서 채용하기로 했다는 통고를 받고 출두하여 임명장을 받는데 곧바로 약정 금액의 절반을 바치라고 인사 담당 관리가 요구했다.

사마직은 준비한 액수가 부족했고, 주위에서 융통할 곳도 마땅히 없었으므로 선처해달라고 청했다. 그러자 담당관은 사정을 봐줘서 3백만 전을 탕감해주겠다고 했는데 더 깎아 주는 것은 어렵다며 거절했다. 오히려 '당신이 부임할 그 고을에 아직도 부자들이 많이 있으므로 부임하여 재물을 빼앗으면 그 정도의 액수는 쉽게 마련할 텐데 뭘 그리 엄살을 부리느냐'고 질책까지 하는 것이었다.

그제야 그는 목민관으로 일하고 싶다는 자기 생각이 애당초 틀린 걸 알고 탄식했다.

"아아! 백성을 보살피고 편하게 살도록 이끌 지방관이 되어야 하는데 오히려 백성을 수탈하여 그 자리를 유지해야 하다니, 차마 양심상 할 짓이 아니구나."

사마직은 사퇴하는 수밖에 없었다.

하지만 인사 담당관은 수중에 돈이 들어올 수 없게 되자 사마의의 사퇴를 불허했다. 대신 현지에 부임하여 후불 조건으로 약정액의 2배를 바쳐야 한다고 강제했다. 사마직은 하는 수 없이 임지로 가는 도중 고민을 거듭하다가 끝내 자살을 택하고 만다.

사마직은 유서를 남겨 '매관매직 제도는 망국亡國의 징조'라고 비판했으나, 돈맛에 길들여진 조정에서는 벼슬자리를 받은 후 돈을 내지 않고 자살하면 손해라는 계산에 오히려 위험 분담금 명목으로 매관매직의 약정액을 올리는 행태를 보였다.

『후한서後漢書』〈최열전崔烈傳〉에 나오는 최열崔烈이란 사람의 이야기도 동취銅臭(동전 냄새라는 뜻으로 돈 주고 벼슬을 산 것에 대한 비웃음의 의미이다) 시대의 또 다른 대표적 매관매직 사례로 당시의 관료 임용 현실을 엿볼 수 있다.

원래 그는 황하 유역의 풍요로운 지역인 기주冀州 지방 출신으로 집안이 학자 가문이어서 일찍이 지방장관이 되었고, 청렴한 자세가 높이 평가되어 조정 대신의 반열에 올랐다. 그런데 모두 돈을 내고 고위직으로 진급하는 풍토에서 자신만 외톨이가 되는 것 같아 황제의 보모에게 부탁해 약정액의 절반을 바치고 삼공三公(오늘의 총리와 부총리에 해당) 벼슬인 사도司徒직에 올랐다. 그때 최열의 아들 최균崔鈞은 궁정을 지키는 호분중랑장虎賁中郞將이란 관직에 있었는데 그가 부친에게 이런 말을 했다.

"아버님께서는 젊어서 명성을 얻으셨고, 일찍이 지방 장관과 조정 대신을 역임하시면서 청렴하게 사셨습니다. 이번에 아버님께서 삼공 벼슬에 오르신 것은 부끄러운 바가 없겠으나 천하의 양식 있는 분들에게는 실망스러운 일임에는 틀림이 없습니다."

최열이 의아해서 그 까닭을 묻자 아들 균이 멈칫거리다가 용기를 내어 이렇게 대답했다.

"아버님 몸에서 동취가 진동한다고 사람들이 비웃듯이 말합니다."

이렇듯 돈을 바치고 관료가 되어 백성을 상대로 한 합법적인 도적질이 공공연하게 이루어진 시대에 사마의는 태어났고, 그가 여섯 살 되던 해에는 살길이 막막해진 농민들이 체제를 바꾸고자 봉기한, 이른바 황건黃巾의 난이 일어난다. 그들 황건군은 '창천蒼天(파란 하늘, 곧 한나라 왕

60

조를 상징)은 이미 죽었다. 황천黃天이 대신하리라'는 분명한 왕조 교체의 명분을 내걸고 봉기했다. 황하 유역의 농민들 대부분이 이 주장에 동조했음은 물론이다. 어린 사마의는 이 모습에서 심한 갈등을 느꼈을 것이다.

'백성을 염려하는 참다운 군주는 어디 있는가?'

황건의 봉기는 부패하고 착취를 능사로 하는 조정에 대한 분노였으나, 동시에 참신하고 덕망 있는 새로운 왕조를 갈망하는 민심의 표출이기도 했다. 그들은 '백성을 사랑하는 모범적 군주'를 기대했다. 이는 한마디로 썩어버린 후한 왕조를 대신할 새로운 왕조의 출현이 절실했음을 반증한다.

사마의가 열한 살 되던 해, 매관매직을 장려했던 암군 영제가 죽었다. 영제는 후계자로 열네 살의 유변劉辯과 아홉 살의 유협劉協을 두었지만, 두 황자는 나이가 어렸고 외척과 환관宦官들이 서로 권력을 장악하려고 암투했으므로 누가 새 황제가 된들 혼탁해진 세상을 바로잡고 각지에서 세력을 떨치는 군웅들을 제어할 수 없음은 분명했다. 두 황자를 끼고 싸우면서 서로 자기 쪽 황자를 내세우려는 외척과 환관 세력 모두 썩어 빠진 기득권 세력이었을 뿐이었다.

외척 세력을 대표하는 황자 유변의 외삼촌 대장군 하진何進은 원래 낙양의 시장판에서 푸줏간을 하던 인물로 예쁜 누이동생이 황후가 된 덕분에 갑자기 출세했기에 자기 조카를 황제로 세우려는 야심이나 드러낼 뿐 새로운 상황에 대처할 능력이나 경륜이 없었다. 또한 궁중에서 오로지 아부를 바탕으로 권세를 누리던 내시들의 두목 십상시十常侍(열 명의 고위급 환관)는 하진에게 대항하여 유변의 배다른 동생 유협을 등에 업고 자신들이 권력을 계속 누리려는 음모를 꾸미기에 바빴다.

나라의 기강을 바로잡고 백성의 고통을 덜어주려는 정치적 목표가 없는 이들 외척과 환관들은 갈등을 겪다가 끝내 환관들이 하진을 죽이고, 하진의 부하 무장들은 환관 대살육을 펼쳐 서로 자멸하게 된다.

그 과정은 다음과 같았다. 하진은 처음 젊은 무장들을 끌어들여 측근 세력을 구축했는데, 그중 원소와 원술이 대표적인 인물이었다. 어느 날 환관 건석이 하진을 유인하여 죽여버린 사건이 발생했다. 원소는 이때 하진의 죽음을 핑계 삼아 군사를 이끌고 궁으로 쳐들어가 수천 명의 환관을 모두 살육하였다. 하지만 원소도 서량에서 달려온 군벌 동탁에 의해 밀려나고 조정의 실권은 동탁의 손에 들어가 버렸다.

동탁의 집권은 구체제의 몰락을 가져왔지만, 당시 사대부들은 물론이려니와 백성들 입장에서는 희망이 아니라 다시 없는 절망의 연속이었다. 흔히 부패한 관리나 간사하고 포악한 무리를 승냥이, 이리, 여우, 살쾡이 등으로 표현하는데 동탁은 이런 정도를 훨씬 뛰어넘는 그야말로 희대의 파괴자였고, 무분별한 도살자였다. 그는 오로지 기존 체계를 파괴하는 데 몰두했다.

그는 구체제를 파괴한 것도 모자라 신체제가 들어설 가능성 자체마저 괴멸시키는 자였다. 전해지는 바로 동탁은 대연회를 열고 후궁들을 데려다 쾌락을 즐겼으며, 조금이라도 자신의 주장에 반대하는 대신이 있으면 그 자리에서 끌어내어 멋대로 죽였다. 이 정도에서 끝난 것이 아니었다. 처음에는 유변이 황제가 되었는데 동탁은 곧 홍농왕弘農王으로 강등한 뒤 독살하고 자신을 원망한다는 이유로 황태후까지 죽여버렸다. 그리고 유협을 황제로 세웠는데 그가 후한 최후의 황제인 헌제다.

이때 동탁의 병사들은 낙양 거리를 쏘다니며 눈에 띄는 부녀자들을 붙잡아 강제로 욕보이고, 저택에 들어가 약탈과 살인을 마구 자행했다. 결국 동탁이나 그의 휘하 군사 모두가 한마디로 승냥이와 이리, 여우, 살쾡이와는 비교할 수 없는 잔인한 무법자였고 가혹한 정복자였으며 그 이후에 등장하는 만리장성 북쪽의 다른 종족보다 더한 살육과 파괴를 일삼았다.

이렇듯 무모한 폭정은 당연히 누구로부터도 지지를 얻을 수 없었다. 결국 동탁을 반대하는 군웅들이 전국 각지에서 일어났고, 사방에서 의병들이 나타났다. 지방에 군대를 거느리고 있던 지방관은 물론이고 동탁 타도의 명분을 건 무리 가운데 이 기회에 입신양명해 보려는 야심가들 무리까지 나타났다. 동탁은 하는 수 없이 수도 낙양성을 불태우고 자신의 거점과 가까운 장안으로 떠났다.

동탁 타도를 명분으로 내건 관동 지역 제후 연합군은 처음에는 호기롭게 싸웠다. 맹주 역할을 한 원소를 비롯해 그의 사촌 동생 원술袁術, 연합군 결성을 주도한 조조, 당시 평원平原 현령이라는 하위직에 있었던 유비도 가담했고, 공손찬公孫瓚, 장막張邈 등 이름깨나 있는 명사들이 중심 세력으로 반동탁 의군을 이루었다.

힘에 부친 동탁이 장안으로 도주한 이후 이들 군웅들은 내분이 일어나 서로 빼앗고 빼앗기는 난투를 벌이게 된다.

결국 중앙의 조정은 다스릴 능력을 잃어버렸고, 전국 장관들이 각자 독립하면서 지방 곳곳에서 세력을 가진 호족들과 군벌들이 설쳐대는 군웅할거 시대가 되었다. 천하를 구한다는 명분으로 뭉쳐서 동탁을 무찌르겠다는 세력들 모두 실제로는 의군義軍이 아니라 제 잇속만 챙기는 불한당이나 다름없는 무리였다.

사마의의 눈에 농민들의 봉기, 황건의 난, 새로 등장한 권력자 동탁의 무모하기 이를 데 없는 파괴적인 행태, 의병이란 이름을 내걸고 나섰던 군웅들이 끝내 서로 약육강식하면서 싸움질하는 모습은 어떻게 비춰졌을까?

특히 그의 고향에서는 지역을 다스리던 한복이란 인물이 반동탁 의군에 가담했다가 어리석게도 원소의 모략에 걸려 내쫓기고, 새로운 지배자로 원소가 등장했는데 그 역시 겉으로는 칭송받았으나 믿을 만한 인물은 아니었다.

거짓 명분을 뼈저리게 느끼다

사마의가 10대 중반이 될 때까지 세상은 무법천지나 다름없었다.

어릴 때부터 장차 큰 인물이 되리라는 기대를 받았고, 그의 집안은 오래전부터 고위 관료를 배출했으므로 그도 역시 장차 벼슬길에 나갈 준비를 했다. 하지만 눈앞에서 돌아가는 세상을 보면서 벼슬길을 포기했다. 자신이 올바르게 일할 세상이 아니라고 판단한 것이다. 특히 반동탁 연합군에 대해서는 당시 지식인들이 그러했듯이 사마의 역시 처음에는 부푼 기대와 새로운 희망으로 그들의 활약을 바라보았다.

지금의 40~50대들도 어느 정도 느낌이 있을 것이다. 그들은 젊은 시절 민주화와 정의 사회라는 구호 속에서 경제발전을 이루면서 성장해가는 나라에서 나름의 좋은 일자리는 찾을 수 있었으나 정치적으로 매우 혼란한 시기를 겪었다. 그런데 경제적 풍요가 모두를 행복하게 만들어주는 건 아니었다. 부자는 더욱 부를 축적하고 가난한 자는 더욱 가난해지는 천민자본주의 사회가 더욱 고도화

되고 이에 대한 반감도 꽤 깊었을 것이다.

　민중들은 처음에는 반동탁 연합군을 '관동의군關東義軍(함곡관函谷關 동쪽의 명망 있는 인물들이 모여 역적 동탁을 치고 세상을 바로잡겠다는 정의의 기치를 내걸고 싸웠다)'이라고 여겼으나 그렇지 못했다.

　타도 동탁의 격문이 뿌려지고 산조酸棗 땅에 집결한 이들 10만여의 관동의군 지휘부는 처음에 대의를 밝히고 백성의 열화 같은 지지를 받으며 동탁을 공격했다. 약간의 승세를 타자 어쩐 일인지 이들 군웅들은 서로 시샘하고 다투다가 지리멸렬하게 되었다. 그때 사마의는 이런 사실을 관찰할 만한 나이가 되었고, 고향 땅에서 이런 모습을 직접 목격할 수 있었다.

　반동탁 연합군이 와해된 이유는 여러 가지가 있겠으나 우선 연합군 맹주 신분이던 원소의 탐욕이 크게 작용했다. 원소는 껍데기만 번드레한 명사였던 것이다. 집안은 '사세삼공四世三公(4대에 걸쳐 최고의 벼슬인 삼공을 배출했다)'의 명문가인 데다 그 자신도 풍채가 좋고 잘생겨서 인기가 있었다. 그래서 반동탁 연합군이 결성되었을 때 맹주로 추대되었다. 하지만 속을 들여다보면 원소는 어리석었고 정치투쟁이나 전쟁의 전략 전술을 모르는, 알맹이 없는 야심가였을 뿐이다.

정치투쟁이란 무엇인가? 겉으로 보면 나라를 바로잡고 백성을 돌본다는 대의명분이 있지만, 그 내면을 살펴보면 권력을 손아귀에 넣어 자기들끼리 요직을 나눠 갖고 이권이나 재물을 재분배하여 새로운 구조에서 인간관계를 조정하려는 싸움이다. 꾀를 써서 상대를 죽이거나, 때로는 권력을 쟁취하기 위한 수단으로써 전쟁을 이용하기도 했다. 물론 백성의 지지를 등에 업어야 하기 때문에 대의명분이라는 정당성을 확보해야 하지만 말이다.

원소는 이런 이치를 모른 채 그저 동탁에 반대하는 연합 세력의 맹주 노릇을 즐기다가 동탁이 장안성으로 도망치자 그제야 자신의 세력이 몸담을 근거지를 만들려고 하였다. 그래서 생각한 방안이 함께 의군을 결성했던 기주성의 주인 한복韓馥을 치는 일이었다. 원래 한복이 다스리던 기주는 땅이 비옥하여 곡식이 잘 자랐으므로 군량이 풍족했다. 한복은 군량을 지원하며 원소의 뒤를 봐주었는데 원소는 끝내 은혜를 원수로 갚은 셈이다. 원소는 이때

모사를 꾸며 공손찬에게 편지를 보내 부추겼다.

'귀공이 기주를 친다면 나도 가담하겠소. 그래서 기주 땅을 차지하면 우리가 반씩 차지합시다.'

그리고는 한복에게 별도로 비밀 편지를 보냈다.

'공손찬이 그대의 기주 땅을 노리고 있소. 내 그대를 위해 구원군을 보내 돕겠소.'

위기를 느낀 한복은 서둘러 공손찬을 막기 위해 원소를 불러들였는데 원소군은 기주성에 들어가자 마치 점령군처럼 행세하며 한복을 멀리 내쫓았다. 또한 공손찬과는 기주 땅을 나누겠다는 약속을 깨버렸다. 여러 사람을 배신하고 분노케 했으니 내분이나 다름없는 싸움이 날 수밖에 없었다.

이 외에 관동의군의 주력군으로 참여한 손견孫堅과 형주를 다스리던 유표劉表, 원술과 원소 사이에서도 원수처럼 서로 반목하여 으르렁거리는 일이 빈번하게 계속되었다. 관동의군 사이에서 벌어진 이런 다툼은 '정의로 포장되었지만 내심을 살펴보면 동탁이나 모리배 관료들과 조금도 다를 바 없는, 그놈이 그놈'이라는 인식을 세상 사람에게 심어 주기에 충분했다.

누구라도 기대하고 믿었던 자에게서 배신당하면 그 상처가 오래가는 법이다. 의군이라는 명칭은 허울뿐이고 하나같이 음흉하고 자기 세력의 확대라는 야심을 노골화했다. 세상의 이치를 헤아릴 수 있는 나이가 된 사마의는 원소가 암계를 써서 한복을 몰아내고 기주의 점령군이 되어 북방의 공손찬과 싸우는 과정을 어떻게 바라봤을까?

당시 관동의군에 대해서는 다음과 같은 평가를 내리고 있었다.

애석하게도 의군의 지휘부는 동탁에 대항한다는 의욕이 있었으나 상황 변화에 따른 전략과 식견이 부족했다. 그들 역시 군량미가 부족하여 굶주리게 되면 백성들의 것을 무자비하게 약탈했고, 배가 부르면 남은 것을 함부로 버렸다. 결국 그들은 의군이라는 명색뿐 서로를 잡아먹으려 싸우는 이리 떼였고, 최후에는 욕심 때문에 제풀에 무너져 와해되고 말았다. 당시 원소만이 어리석었던 것은 아니었다.

대다수의 군웅이 자기 진영에 손해가 될까 두려워 이런 궁리 저런 잔꾀나 부리며, 그날그날 탈 없이 넘어가다 보면 어찌하다 한몫 잡을 수도 있고, 기회가 와서 권력이라도 잡으면 권세와 이익을 독점할 수 있다는 기회주의적 처신이 대부분이었다. 관동의군의 일원이었던 연주자사 유대가 같은 의군 출신 동군태수 교모를 죽였는데 이는 또 다른 유형의 배반이었다. 원술은 북방에서 세력을 넓히는 사촌 형 원소를 견제했으며, 원소는 남방의 형주목 유표와 손잡은 원술의 득세를 방해했다. 결국 모두가 백성을 생각하기보다는 이해상반에 따라 이합집산하는 철저한 야심가들뿐이었다.

야망을 한편으로 미뤄두고 본질을 생각하다

황건의 난이 일어나고 무수한 농민들의 호응, 토벌군인 정부군의 출동과 평정, 포악한 동탁의 집권과 무의미한 파괴, 관동의군이라는 새로운 이리 떼의 출현. 이와 같은 시대의 흐름을 바라보는 사마의가 어떤 결심을 했는지 불분명하지만 그의 속내를 어느 정도 헤아려 볼 수 있는 기록은 몇 가지 남아 있다.

사마의는 어린 시절, 먼 선조였던 사마천司馬遷이 고난 끝에 완성한 희대의 역작 『사기史記』에 심취했다고 한다.

그 장편의 역사서 가운데서 유독 의문을 품었던 구절이 있다고 하는데 다음과 같은 문구였다.

이는 백성들의 요구에 따른 것이다.

이 부분은 진시황이 죽은 후 계속되는 폭정에 대항하여 농민반란을 일으킨 진승陳勝과 오광吳廣의 봉기 이유를 사마천이 압축적으로 결론 내려 기록한 내용이다.

사실 진승과 오광이 나라의 장래나 백성을 위해 태평성대를 바라는 대의명분을 품고 반란을 일으킨 것은 아니었다. 백성의 의무인 부역의 명을 받아 고향을 떠나 장성 축조의 현장으로 가는데 도중에 비가 너무 많이 와서 지시받은 목적지까지 정해진 시일에 도착할 수 없는 상황이 되었다. 그리하여 악법惡法의 공포 때문에 자포자기하는 심정이 되어, "어차피 하루라도 늦게 되면 명령 불복종 죄로 처형당할 터, 죽을 바엔 한번 부딪쳐 보자. 왕후장상王侯將相의 씨가 어디 따로 있느냐!"라고 외치며 폭동을 일으켰다.

여기에 불만이 팽배했던 백성들이 잇달아 동조했고,

반체제 세력이 모여들었다. 그들 내부를 자세히 보면 동지 의식은 물론이고 장차 힘을 보아 무엇인가 뜻깊은 일을 해 보겠다는 결연한 의지 같은 것이 없었다. 문자 그대로 악법의 포로가 된 자신에게 신세타령하듯 화를 내며 지배자에게 이판사판으로 반역의 칼을 들이댄 오합지졸이나 다름없었다.

사마의는 역사가 사마천에 대해 무한에 가까운 신뢰를 갖고 있었다. 그런데 불멸의 역사가가 마구잡이로 소란을 피운 농민반란에 대해 '백성들의 요구에 따른 것이다'라고 긍정적으로 평했으니 그 뜻을 그대로 받아들이기가 쉽지 않았을 것이다.

사마의는 여섯 살 어린 나이에 황건의 반란을 체험했다. 지금의 시각으로 보자면 민중 봉기였으나 당시에는 '하늘을 대신하여 백성을 교화하는 유덕자有德者이신 천자님'에 대한 불충이었다.

이렇게 황건의 난을 체험하고 나자 사기에 적힌 글을 이해한다는 일이 쉽지 않았고, 어찌 보면 알 듯 모를 듯했다. 결국 사마의는 시대적 상황을 헤아리고 자기 고뇌를 거듭한 끝에 백성을 착취하는 중앙 권력에 진출하는 것이

하등 소용없는 짓임을 절감했다. 오히려 진정으로 백성을 위한다면 고향 땅에 남아 지방 관리로서 예전에 형이 했듯이 백성을 교화시키며 어린 동생들을 돌보고 마음 편히 살아가는 게 낫겠다는 결심을 했으리라 짐작된다.

그가 열여덟 살이 되던 해, 세상이 또 한 번 바뀌었다. 동탁의 포로가 되어 장안으로 끌려갔던 헌제가 장안에서 도망쳐 나와 조조를 등에 업고 허도에서 새로운 조정을 열었던 것. 그의 형 사마랑도 조조 진영에 있었기 때문에 자연스럽게 허도 정권에 몸을 담았다.

그런데 사마의는 그로부터 12년 세월이 흘러 서른 살이 될 때까지 은거에 가까운 고향 생활을 계속하였다. 그 동안 그는 황제 진영을 포함하여 단 한 차례도 어떤 군벌에 관심을 기울이거나 찾아가거나 몸담지 않았다. 처음부터 그럴 뜻이 없었으니 당연한 일이었다.

그 무렵 조조 진영만 하더라도 순욱, 순유荀攸, 곽가郭嘉처럼 다른 군벌에 있다가 마음을 바꿔 전향하듯 찾아간 기라성 같은 책사들이 많이 몰려 있었다. 하지만 사마의는 요지부동 어느 쪽으로 눈길조차 주지 않고 있었다.

사마의의 이런 처신은 조조를 비롯한 군웅에게 특별히

반감을 품었다거나, 혹은 자기 스스로 군웅의 하나가 되겠다는 독립 의지 때문은 아니있다. 결국 군웅들의 거짓 명분과 속이 시커먼 야심, 암담한 현실에 실망하고 먼 훗날 평화스러운 세상이 올 것을 기다리며 고향에서 내공을 갈고 닦는 선비로서의 길을 걷고자 했던 것으로 여길 수밖에 없다.

사마의의 행적을 달리 보면, 나중에 적당한 시기가 와서 출사하게 되면 일거에 고위직으로 출세하고자 하는 속셈으로 자중하고 있었던 것으로 보일 수도 있다. 하지만 그가 사귄 친구들이나 주변 인물들의 얘기를 보면, 그런 야심조차 품지 않았음을 알 수 있다.

상림常林이라는 인물이 있다. 그 역시 하내군 온현 출신인데, 사마의가 중앙에 진출해서 높은 벼슬을 할 때 고향의 덕망 있는 선배라고 여겨 정중하게 인사하는 것을 잊지 않았다. 어떤 사람이 상림에게 "사마공은 지위가 존귀하니 그대는 마땅히 그의 행동을 멈추도록 해야 하오" 하고 충고했다. 그러자 상림이 대꾸했다.

"사마공 스스로 장유長幼의 예를 돈독하게 하려는 것은 분명 후대를 위한 모범을 보이는 것이오. 그가 벼슬이 높은 걸 내가 두려워하는 바가 아니며, 그가 깍듯이 인사하는 것 역시 내가 제지할 수 있는 바가 아닐 것이오."

충고하던 자는 멋쩍어하며 물러났다. 상림은 절개가 높고 성품이 맑아 나중 삼공 벼슬까지 오른 인물이다. 그는 사마의의 처신을 결코 허례나 속셈이 있는 처신으로 보지 않았던 것이다.

하내군 출신 양준楊俊이란 인물과 사마의에 얽힌 이야기도 사마의의 품성을 살펴보는 데 유용하다. 두 사람은 10대 후반에 만나 절친하게 교유하며 지냈는데 양준은 평소 사마의를 평하길, "이 친구는 결코 평범하지 않은 인물이다. 장차 세상을 크게 진동시킬 것이다"라고 했다. 양준은 순수한 인격자로 지방장관으로 있을 때 백성을 감동시키고 후진을 잘 인도하여 칭송을 받았고, 후진들에게 존경을 받았다. 그리고 그는 다른 사람에 대해 적절히 품평하는 것을 즐겼는데, 그의 인물평은 틀린 적이 없다고 전해진다.

사마의가 후배들을 바라보는 눈이 어떠했는지를 통해 후진에 대해 어떤 사고를 가졌는지 그의 인물 됨됨이를 평가할 수 있을 것이다. 그중 등애鄧艾를 빼놓을 수 없다.

등애는 나중에 촉한을 점령한 사람이다.

등애는 어려서 고아가 되었으나 열심히 노력하여 벼슬 길에 나아갔고 부임하는 곳에 높은 산이나 큰 연못이 있으면 지형을 살펴 군영軍營 설치에 적합한가를 헤아려 항상 자세하게 그린 다음 소중히 간직하곤 했다. 주변에서는 이를 보고 허튼짓이라 비웃었다. 하지만 이러한 노력 덕분에 사마의를 만나 그의 진가를 인정받을 수 있었다.

사마의는 등애의 꼼꼼하게 노력하는 자질을 알아보고 상서랑尙書郞으로 승진시킨 후 수춘壽春 지역에 파견하여 농사의 문제점과 개선할 점을 연구토록 했다. 등애는 사마의의 뜻을 헤아려 수춘 일대의 수로水路와 농사법을 연구하여 〈제하론濟河論〉을 지어 바쳤다.

과거에 둔전을 실행하고 허도에 곡식을 비축하여 사방을 제어했습니다. 지금 이곳 회수 남쪽은 매번 군사가 출동할 때 식량을 운반하는 병사가 절반을 넘고 막대한 비용이 드는 거대한 노역이 필요한 곳이 되고 말았습니다. 이 지역은 땅이 기름지므로 운하를 파서 물을 대고 화북의 둔병 2만 명과 회남의 둔병 2만 명을 10명 중 2명씩 돌려가며 쉬게

하고, 나머지 병력으로 밭을 갈게 하면서 한편으로는 지키
도록 명령하십시오. 인원이 풍족하여 서쪽 지역보다 3배 이
상의 곡식을 수확할 것이며, 비용을 제외하고 계산해도 매
년 5백만 석이 군대의 비용이 될 수 있습니다.

사마의는 이 진언을 그대로 받아들여 시행했다. 그러
자 엄청난 식량 증산의 효과를 가져왔다. 사마의는 이 공
로를 모두 등애에게 돌리고 격려했다. 이후 등애는 사마
의를 진심으로 따르고 훗날 사마의의 아들을 도와 촉한을
정복하는 큰 업적을 남긴다.

이렇듯 사마의는 지위에 상관없이 실력이 있으면 발
탁하며 공로를 인정하고 부하의 것을 빼앗지 않는 모범을
보였다. 30세가 될 때까지 지방에서 조용히 묻혀 지낸 경
우를 예외로 할지라도 벼슬할 때 고향 선배가 하급자였으
나 예의를 잃지 않았고 항상 주변 사람에게 대접하는 것
을 소홀히 하지 않았던 것이다.

이런 점을 모두 종합해보면, 사마의가 조용하게 세상
을 살아가고 싶어 한 인물임은 부정할 수 없다. 세상은 호
언장담하면서 무리의 선두에 서서 무엇인가를 도모하는

지도자형을 기억한다. 하지만 조용히 뒤에서 자기 할 일을 하며 주위 사람을 존중할 줄 아는 자세는 높이 평가되기도 어렵고, 곧 잊힐 수 있다. 오히려 이런 자세가 긴 안목으로 볼 때는 교양과 덕목을 가진 인간의 진정한 처신이라고 할 수 있을 테지만 세상은 다른 걸 어찌하랴.

사마의는 주위 사람들로부터 인품과 능력을 인정받으며 겸허하고 바른 처신을 계속했다. 그리고 관계를 맺은 많은 사람들이 평소 그가 존경과 친애하는 태도를 가졌다고 이구동성으로 전한다.

난세를 살면서 이해에 휩쓸리지 않고 절제된 처신으로 주위에서 칭송받는 것이 결코 쉬운 일이 아니다. 오늘날에도 별반 다르지 않다. 변화의 속도가 요즘처럼 빠른 사회는 예전의 난세와 어떤 측면에서 많이 닮아 있다. 순간순간이 격동의 연속이다. 그래서 갑자기 두각을 나타내는 인물들이 흔하다. 하루아침에 등장하여 세상의 관심을 한 몸에 받는 인물은 인기를 얻고 많은 걸 손에 넣는다. 이때 자기 직분에 충실하며 주변의 칭송을 받으면서도 절제된 모습을 보이기가 얼마나 어려운 일인가. 엔간히 자기 수련이 되어 있지 않고서는 거의 불가능한 일이다.

하나의 길을 택해야 한다

다시 반복하지만, 난세는 혼란기이면서 동시에 기존의 방식이 허물어진 만큼 새로운 형태의 입신출세가 얼마든지 가능한 기회의 시기이기도 하다. 호박이 덩굴째 들어올 수 있다는 점에서.

별 볼 일 없이 뒷골목이나 변두리를 어슬렁거리던 인물일지라도 기회를 잘 잡으면 하루아침에 천하의 주목을 받는 인사로 급성장하는가 하면, 시골 장터에서 좌판을 벌이고 물건을 팔던 평범한 장사꾼도 기회를 이용해 줄만 잘 선다면 일약 영웅으로 우뚝 설 수도 있다. 이러한 시기에 뜻있는 젊은이라면 누구나 어떤 길을 선택할지 인생 행로를 깊이 고심하는 게 당연하다.

일인자를 꿈꾸는 이들은 영웅이 될 것인가, 효웅梟雄이 될 것인가, 간웅이 될 것인가를 염두에 두어야 할 테고, 이인자의 길을 걸으려는 이들은 책사 쪽으로 갈 것인지, 무장 쪽으로 갈 것인지 진로를 정한 후 자신의 능력이나 배짱이 통하는 주공主公을 택해 안전한 미래를 보장받으며 능력을 최대한 발휘함으로써 일생의 목표를 이루려 할 것이다. 그렇지 않으면 세상과 등을 돌리고 은둔해야 할 테니 기회가 많은 사회일수록 살아간다는 것 자체가 결단을 필요로 하는 순간의 연속이 될 것이다.

또한 어느 쪽이든 선택하는 것이야말로 당연한 일이었다. 한적한 시골에서 조용히, 아무에게도 알려지지 않고 사는 입장이라면 큰 문제없겠지만, 사마의나 제갈량처럼 어느 정도 명성이 주변에 알려진 사람이라면 어느 한 세력을 선택하여 가담하지 않으면 목숨이 위태롭게 될 수도 있다.

내 편 아니면 네 편이 되어야 하는 시대, 그런 점에서 보면 사마의는 서른 살까지 특이한 선택을 한 셈이다. 재능이 뛰어나다고 세상에 이름이 알려진 상황에서 자신이 주공으로 모실 누군가를 선택하지 않는다는 것은 어떤 군벌로부터도 보호받을 수 없다는 말이나 다름없기 때문이다.

사마의가 고향 온현 땅에서 소박하게 살아가며 세상을 바라보고 있는 동안 세상의 주목을 받는 인물로 급부상하여 권세를 누리며 큰소리쳤던 동탁과 원술, 여포 등은 난세의 효웅으로 생을 마감했고, 그 이후 연부역강年富力强한 실력을 소유하고 두각을 나타내면서 천하의 대권을 꿈꾸는 영웅적 모습을 보여준 인물은 조조를 위시하여 유비, 손권 정도로 압축되어 있었다.

특히 사마의가 스물세 살이 되던 서기 201년, 그의 고향에서 멀지 않은 관도官渡에서 조조가 북방의 실력자 원소를 격파하고, 북중국 일대의 실질적 지배자로 등장하는, 역사의 분기점이 되는 대사건이 발생했다.

이 관도전투는 삼국시대의 형세를 바꾼 결정적 세 전투 중 하나였다. 이 무렵 뜻있는 젊은이들 세계에서 자신들의 앞날을 선택하는 데 이보다 강렬하고 의미 있는 사건은 없었다고 해도 과언이 아니다. 그러니까 시대는 떠오르는 태양이 누구인지를 분명하게 보여주고 있었다.

황하 유역에서 장강(양쯔강) 이북까지 대부분 지역을 조조가 장악함으로써 이제 중국 대륙의 상징처럼 일컫는 '중원中原'은 조조가 거의 평정하였다고 볼 수 있으므로 주군을 선택하는 폭은 좁아졌다고 할 수 있다.

더구나 조조는 오래전 자신의 본거지 허도에서 천자를 앞세워 정권을 수립했고, 자신에게 반항하는 무리를 '조정의 적賊'으로 내칠 수 있는 명분을 가진 데다 관도전투에서 승리함으로써 대륙 전체의 최대 세력이 되었다. 그리고 그 수하에 순욱, 순유, 곽가, 가후 등 뛰어난 책사들뿐만 아니라 하후돈夏侯惇, 장합張郃, 조홍曹洪, 장료張遼 같은 명장을 거느렸다. 무엇보다도 조조는 수완이 좋은 지도자로 백성이 바라는 것이 무엇인지 헤아리고 이를 정책화하여 실천에 옮길 줄 아는 지배자의 길을 차근차근 걷고 있었다.

사마의는 이런 사실을 직시했다. 조조 정권에 대해서도 은밀한 내막이나 구성원들의 역할과 친소 관계 등에 대해 상당 부분을 형 사마랑으로부터 듣고 있었을 것이 분명하다. 특히 조조의 세 가지 장점은 분명 사마의의 귀에도 전해졌다고 보는 것이 정상적이다. 당시 일반에게 널리 전해진 조조의 세 가지 장점은 다음과 같다.

첫 번째, 조조는 이미 허도를 중심으로 자신의 관할 지역에서 둔전제를 실시하여 백성뿐만 아니라 군사들의 식량 자급자족을 달성하고 있었다. 전란의 시대에 착취당하고 빼앗겨 굶주리기 일쑤였던 백성들 입장에서 가장 중요한 것은 식량이었다. 둔전제가 중원의 농업경제를 획기적으로 개선하는 효과를 거두었음은 물론이다.

두 번째, 부하들을 적재적소에 발탁하는 뛰어난 용인술과 어제의 원수라 할지라도 진심으로 투항하면 과거를 모두 용서하고 기꺼이 수하로 받아 준다는 도량이다. 심지어 한 번쯤 배신한 전과가 있어도 용서하고 과거사를 눈감아 주기까지 했다. 관도전투가 끝났을 때 그동안 조조 진영에서 원소와 내통한 자들을 일체 불문에 부쳤다는 사실은 유명한 이야기가 되어 널리 퍼져 지도자로서 조조의 성가를 한껏 높이고 있었다.

세 번째, 조조가 영웅의 의지, 영웅의 기개, 영웅의 혼을 가진 데다 중원 땅 대부분을 스스로 쟁취했다는 사실이다. 이 무렵의 조조에 대한 진솔한 평가는 곽가가 원소 진영을 찾았다가 그쪽 책사로 있던 신평辛評과 곽도郭圖에게 이야기한 내용을 참고하면 이해하기 쉬울 것이다.

"무릇 지혜로운 사람은 주군을 선택하는 데 신중합니다. 그래서 모든 행동이 다 완벽하여 공명도 세울 수 있는 것이지요. 원공袁公(원소)은 한낱 주공周公(주나라를 세운 주무왕의 동생)이 선비들을 예우한 겉모양만 본받을 뿐 인재를 등용하는 진정한 도리를 알지 못합니다. 생각하는 바가 복잡다단하지만 요령이 부족합니다. 계책을 세우기 좋아하지만 결단력이 없으니 함께 천하의 대란을 구하고 패왕의 기업을 세우려 애쓴다 해도 어려울 것입니다."三國志 郭嘉傳

곽가는 그들에게 이렇게 말하고 나서 원소 진영을 떠

나 조조에게 투항하듯 찾아갔다. 그때 곽가는 한 차례 조조와 대화하고 나서, "조공曹公이야말로 나의 주인이 될 만하다"라며 진심으로 칭송했다.

이때 곽가의 나이 스물일곱 살이었다(훗날 제갈량이 유비의 참모로 들어간 것도 스물일곱 살 때였다). 당시 20대 후반의 나이라면 평균 수명으로 따질 때 오늘날의 40대 중후반이나 50대 초반에 해당하는 정도의 세대로 세상 형편을 살피는 충분한 경험과 능력이 있고, 자신의 앞날을 설계하는 데 나름대로 확고한 신념과 의지를 지니고 있을 정도의 시기라고 봐도 무리가 없다.

이 곽가의 원소에 대한 이야기에는 여러 가지 의미가 있다. 우선 일인자의 길이 아니라 마음 편하게 이인자로서 세상을 살아가려는 사람은 모름지기 능력 있고, 사리 분별할 줄 알며, 결단력 있는 주군을 선택해야 한다. 영웅의 의지와 기개와 혼을 가진 인물을 주인으로 모셔야 이인자로서 실패하지 않는 삶을 살 수 있다는 것이다. 부하들이 선택받는 게 아니라 모실만 한 주공을 찾아 선택한다는 건 꽤 의미 있는 변화다. 당시는 인재가 절실했다. 마치 경제 규모가 커질 때 많은 기업이 인재를 데려가기 위해 대학가에 줄 서던 것과 다르지 않을 것이다. 그리고 능력 있는 졸업생들이 자신의 취향이나 장래성 등을 두루 헤아려 회사를 선택했던 것과 상통한다고 보면 어떨까?

마지막으로 조조야말로 곽가 정도의 능력 있는 인재가 주공으로 모시기에 마땅한 자질을 갖춘 지도자로 천하를 굽어보며 장차 난세를 극복하리라는 확신을 많은 이들에게 심어 주었다는 점도 함께 눈여겨볼 점이다.

주군을 택하는 현명함이 필요했고, 그것이 가능한 시대였다는 점은 몇 번이고 곱씹어도 괜찮으리라. 그 무렵 사마의의 형 사마랑도 허도의 조조 진영에 출사하고 있었다. 그때나 지금이나 한 집안에서 큰 세력을 가진 쪽에서 출세한 인물이 나오면 형제들은 물론 일족 전체의 장래가 든든해진다. 사마랑이 이를 모를 리 없었다. 그는 허도에서 많은 인재를 만나고 교유했으나, 고향에 있는 바로 아래 동생 사마의를 압도할 만한 대단한 인물이 주위를 살펴봐도 그리 많지 않음을 분명히 알고 있었을 것이다.

하지만 사마의가 다른 지도자를 택하거나 적당한 기회를 노려서 조조 진영으로 들어가려 하지 않았음은 의심할 바 없다. 이 점도 사마의가 결코 출세에 눈먼 인물이 아니었음을 알 수 있게 해준다.

조조에게 출사 제의를 받다

사마랑은 허도에서 조조의 배려를 받아 고위직은 아니지만 꽤 괜찮은 지위에 있었는데, 부친 사마방의 후광을 어느 정도 입고 있었다. 조조가 스무 살에 효렴孝廉(한대의 관리 특별 임용 방법 중 하나)에 뽑혀 낙양에 올라와 의랑議郎 벼슬을 하고 이후 낙양북부위洛陽北部尉(지금의 서울 북부 지역 경찰서장에 해당)가 되었을 때 서예가로 유명한 선부상서選部尚書(행정안전부 인사기획관에 해당) 양곡梁鵠의 상관이 바로 사마의의 부친 사마방이었다. 낙양북부위로 발령받은 조조는 청렴하고 존경받는 관리였던 사마방을 익히 알고 있었다는 기록도 있다.

기록에 의하면, 조조에게 온현 땅 사마방의 아들 가운데 둘째인 사마의라는 뛰어난 인재가 있으니 발탁하라고 추천한 사람은 순욱이다. 조조군이 북방의 패자 원소를 물리치고 기주를 비롯해 북방 4개 주를 차지하여 승전고를 울리며 허도로 귀환했을 무렵이었다.

관도전투가 있기 전에는 조조가 지배하는 영토가 원소가 차지한 영토의 삼분의 일 크기밖에 안 되었다. 기존의 4배가 넘는 관할 지역이 생겼으니 당연히 더욱 많은 인재가 필요했다. 더구나 이 무렵 조조가 가장 믿었던 책사 곽가가 중병에 걸려 있었으므로 인재에 욕심이 많은 조조는 더욱 적극적으로 사방으로 눈을 돌려 쓸 만한 인물을 찾고 있었다.

순욱의 천거를 받자, 조조는 그의 형인 사마랑에게 전해서 사마의에게 허도로 올라와 자신을 찾으라고 지시한 것이 아니라, 즉시 사자를 사마의가 있는 온현 땅으로 파견했다. 사마의는 앞서 말한 것처럼 누군가를 주군으로 모실 의도가 없었으므로 사신에게 병 때문에 허도로 갈 수 없다고 핑계를 댔다. 한마디로 조조의 부름을 거절했고, 벼슬을 사양했다. 이는 분명히 천하의 태반을 점령한, 떠오르는 태양 같은 조조의 간곡한 요청을 깔아뭉갠 것이다. 당시 사마의가 입신출세의 야망을 가졌다면 결코 이렇게 하지는 않았을 터.

물론 사마의가 핑계를 댄 게 아니라 이 무렵 병에 걸려

운신하지 못했을 수도 있다. 그렇다면 '지금은 병에 걸려 요양해야 하니 말미를 달라. 완쾌되면 즉시 허도로 올라가 인사를 드리겠다'는 정도의 약속을 했을 것이다. 처음부터 사마의가 칭병하며 허도행을 거부했다는 사실은 사마의의 장래에 대해 생각하는 사고방식이나 권력의 세계, 권력자를 바라보는 시각이 어떠했는지 살펴보는 데 매우 의미심장한 부분이다.

사신이 두 번씩 왔다 갔다 했다는 건 제갈량에 얽혀 있는 유비의 삼고초려와 어느 정도 비슷한 느낌이 들지만, 내용상으로는 많은 차이점이 있다.

제갈량은 은둔하고 있는 희대의 인재로 소문이 나 있었고, 형주라는 제3의 공간에서 살고 있었으므로 언제 어느 진영이라도 설득하여 맞아들일 수 있는 존재였다. 더구나 당시 유비는 기대한 만큼의 기반을 마련하지 못한 상태였기 때문에 혹여 제갈량이 출사를 딱 잘라 거절한다고 해도 특이할 것 없는 상황이었다.

하지만 사마의는 조조 진영의 이인자인 순욱의 추천이 있었고, 허도의 권력이 지배하는 지역 내에서 말단이나 다름없이 지내는 처지였으며 그의 형은 조조 진영에 출사해 있었다.

또 제갈량은 유비 진영에 합류하면서 천하삼분지계를 도도하게 설파하고 내세웠다. 결국 제갈량은 자신이 난세를 평정해가는 시대의 중심에 서겠다는 생각을 계속해왔다고 볼 수 있다.

사마의는 처음에 거절했다가 두 번째는 위협에 이끌려 조조의 진영으로 들어간다. 그에게 허도 정권 출사란 꿈꿔 왔던 선비로서의 삶이 파괴되는 아픔뿐이었다고 하면 지나친 해석일까?

아무튼 사마의에게 다행인지 불행인지 조조로부터 전해온 첫 번째 부름에 응하지 않았을 때, 조조는 편입된 북방 4개 주 평정에 더하여 국경 너머 오환족 정벌이라는 원정을 준비하고 있었다. 그래서 사마의에 대한 일은 지속되지 못하고 다음 순위로 넘어갔다. 오랫동안 북방 지역의 경계를 괴롭힌 오환족烏桓族을 조조가 정벌한 것이 이 무렵의 일이다. 오환 정벌은 중원을 괴롭힌 북방 오랑캐를 물리쳤다는 점에서 역사상 큰 업적으로 꼽힌다.

한편 조조가 어느 정도 인재 확보에 욕심을 냈는지는 전주田疇의 영입을 예로 들 수 있다. 북방 원정을 시작할 때 조조 진영에 가담한 전주라는 인물은 어려서부터 학문과 무예가 뛰어나서 인근 지역에서 소문이 자자했다. 그런 전주의 능력을 알게 된 원소는 여러 차례에 걸쳐 장군으로 영입하겠다는 뜻으로 인수印綬(벼슬의 등급을 나타내는 관인을 몸에 차기 위한 끈)를 보내 영입하고자 했는데, 전주는 이에 응하지 않았다. 그런 전주에게 조조가 사신을 보내 자기 휘하에 가담하기를 청했다. 그 시기가 사마의에게 사신을 보냈던 때와 비슷한 것으로 보인다.

전주는 주저 없이 조조의 요구에 응했다. 당시 전주의 측근들은 "원소가 그렇게 간곡히 요청했는데도 움직이지 않았는데 어찌 조조로부터 단 한 차례 요청이 오자 서둘러 응하는가?"라며 의아해했는데 전주는 말없이 빙긋 웃으며 조조의 사신을 따라갔다고 한다. 그 이유를 사서에서는 다음과 같이 기록하고 있다.

조조가 일을 행함에 있어 부하의 공로를 잊지 않고 오히려 자신의 허물을 탓할 줄 아는 도량이 넓은 지도자라는 사실과 오랫동안 북방에서 한족漢族을 괴롭혀 온 오랑캐 오환족 토벌이라는 명분에 전주가 동감했기 때문이었다.

훗날 조조가 전주의 공로에 대해 칭찬하면서 헌제에게 올린 표문表文이 있다.

전주는 학문이 높고 무예 또한 뛰어납니다. 그는 아랫사람에게 온화하고 윗사람을 섬김에는 삼가 조심하며 때와 이치를 헤아려 나아가고 물러남이 의리에 합당합니다. 애초 유주가 어지러워지고 오랑캐와 한족이 다툴 때 이곳의 백성들은 이리저리 흩어져 의지할 곳마저 없었습니다. 이때 전주는 종족을 거느리고 조용히 숨어 살며 농사를 지어 이웃과 함께 나누니 백성들은 이에 교화되고 모두가 받들게 되었습니다. 그러다가 원소 부자가 군사를 거느리고 오환과 힘을 합쳐 세력을 형성하고 수차례에 걸쳐 전주를 초청했습니다. 그러나 전주는 그 청을 거절하여 끝내 흔들리지 않았고 신이 폐하의 명을 받들어 역현에 진군하였을 때, 스스로 저희 진영에 가담하여 오랑캐를 토벌하는 방법을 진언하였습니다. 그는 또한 사병 5백여 명을 거느리고 험난한 산길을 뚫어 우리 군사가 진격할 수 있도록 하였습니다. 그리하여 마침내 오환을 무찌르고 변방을 평정할 수 있었습니다. 이에 전주는 문무에 공功이 뛰어나고 절의節義 또한 가상하니 삼가 그의 아름다움을 총애하시어 상을 내리심이 마땅하리라 생각됩니다.

조조는 능력이 출중하다고 소문났거나 측근에서 추천하는 인재라면 그 휘하에 두고자 열심이었고, 공로가 있으면 끊임없이 시상하고 칭찬했다. 설혹 당사자가 죽는 일이 생기면 그의 후손까지 찾아가 위로하고 포상하려는 노력을 계속하면서 인재에 대한 자기 뜻을 밝혔다.

전주와 사마의는 모두 원소가 다스렸던 지역 출신이고 어릴 때부터 인근 고을까지 소문이 자자할 정도의 인재였다는 공통점이 있다. 그런데 전주는 오랑캐 토벌의 명분이 있었다고는 하지만 조조의 첫 요청에 기꺼이 응했고, 사마의는 칭병까지 대며 거부했던 것이다.

이 일을 두고 사마의와 전주, 두 사람을 비교하여 평가할 수는 없겠으나 분명한 사실은 당시 지식인 사회에서 조조의 명성이 욕되지 않았다는 점과 이런 조조 진영에 가담하지 않은 사마의를 똑바로 헤아려 살펴봐야 한다는 점이다.

출사 이후에도 묵묵히 맡은 일만 하다

사마의가 제의를 거부했다고 해서 세상일에 무관심하여 그저 지방 관서의 말단 관리에 만족하며 지내고자 한 것은 분명 아니었을 것이다. 그가 하내군 태수부의 상계연上計椽으로 근무를 시작한 시기는 건안 6년(서기 201년) 그의 나이 스물세 살이 되었을 때였다. 조조가 그를 처음에 불렀던 시기와 별로 차이 나지 않으니 벼슬을 싫어했다기보다는 조용히 지방 관리로 살고자 뜻을 정한 것으로 보는 게 합리적 해석이다.

분명한 사실은 그가 허도 정권의 관할하에 있는 작은 지방 고을의 높지 않은 벼슬에 있었으나 황제를 수중에 넣고 천하를 호령하는 조조의 부름을 거부했다는 것이다. 난세에 명성을 얻기보다 고향 땅에서 예禮라는 바른 마음가짐으로 의義를 행하는 일에 최선을 다하고 싶었고, 그 길을 묵묵히 걷는 것으로 자신의 앞날을 정하고 있었다.

세상에는 욕구 과잉의 인재만 있는 건 아니다. 대부분의 사람들은 출세의 기회를 노리고, 높은 자리에 오르길 기대하지만 그것을 위해 소신을 헌신짝처럼 버리는 경우가 흔한 건 아니다. 오히려 적당한 일거리를 맡아 묵묵히 일하는 것과 자신의 취향이나 성취욕에 국한하며 무게를 두는 인물이 의외로 많다.

세상을 뒤흔드는 스타의 길보다는 안온하게 소시민적인 생활에 만족하며 살아가는 사람들이 훨씬 많다는 건 동서고금 어디나 마찬가지일 것이다. 난세의 어지러운 상황에서 사마의의 희망은 그런 평범한 사람들이 살아가는 의미와 비슷했던 것이 아닐까?

얼마 후 조조는 오환 정벌을 마치고 돌아와 허도 근처에 현무지玄武池를 만들어 본격적인 수군水軍 훈련을 시작했다. 수군을 훈련시킨다는 것은 남정南征, 즉 장강 부근의 형주(유표)와 강동(손권)까지 정벌하겠다는 의욕을 보인 것으로 해석된다. 천하 통일을 위한 사전 준비였다.

마침내 조조가 남정에 나설 결심을 하기에 이르렀는데, 그 직전 조조 진영에서 두 가지 사건이 일어났다. 하나는 전국적으로 인재를 불러 모으고 남정 이전에 허도의 권력 체제를 바꾸어 내치를 일사분란하게 정비하는 일이었으며, 다른 하나는 전쟁 반대론자의 대표 격인 공융孔融을 처형하여 거국적으로 전쟁 준비에 박차를 가하는 일이었다.

조조는 지난번에 사마의가 병을 핑계로 찾아오지 않았던 것을 기억하고 '이번에도 그가 병을 핑계로 삼거든 꽁꽁 묶어서 데려오라'고 강경히 지시했다.

이 명령에서 우리는 몇 가지 사실을 유추해 볼 수 있다.

첫째는 한 번 거절하는 일이 있었지만 사마의 정도의 인물은 반드시 허도의 권력 체제에 필요했다는 점이다. 둘째는 지난번처럼 정중하게 초청하는 것이 아니라 어떤 핑계를 대든 묶어서라도 조조 앞에 데려오라는 엄명을 내렸다는 점에서 남정을 앞두고 재야에 있는 인재들을 모조리 휘하에 거느리겠다는 각오가 심상치 않았음을 알 수 있다.

이 무렵 공융을 처형한 사건은 조조의 태도가 예전과 크게 달라졌음을 말해준다. 남쪽 원정 전쟁을 반대하는 공융을 처형함으로써 전쟁 반대 여론을 틀어막고 이전과는 다른, 어찌 보면 강력한 지도력을 세상에 알리기 위함이었을 것이다. 이전까지 조조는 존경받는 부드러운 지도자의 길을 걷고자 했지, 공포를 도구로 사람을 억압하고 강제하는 방식은 택하지 않았다. 하지만 천하 통일이라는 대의를 앞두고 심경 변화가 있었던 것이다. 일사불란한 체제의 중요성을 느낀 것이리라.

그때까지 공융은 허도에서 명문가의 후예로 명성을 한껏 누리고 있었다. 조정에서 중신들 회의를 할 때면 정론正論을 내놓아 다른 공경대부公卿大夫들은 있으나 마나 할 정도였다고 하니, 그의 논리와 언변술이 뛰어났음도 알 수 있다.

조조는 명망 높은 집안 배경을 가진 인물과 실질적인 재능이 있는 인물 모두를 자기 휘하에 두려고 무던히 노력한 사람이다. 그 자신의 출신 성분이 손가락질받는 환관 가문이었으므로 평민 의식과 함께 혈통 콤플렉스도 있었다. 천하를 통일하기 위한 대의명분을 만드는 데 활용할 심산으로 백성들에게 존경받는 명문가를 휘하에 두려고 했던 것이다.

이 때문에 사마의 같은 지방 대족 출신이 절실히 필요했을지도 모른다. 공융은 공자의 후손이라는 배경도 가지고 있었기 때문에 쉽게 대하기 힘들었다. 그래서 조조는 그동안에 공융과 같은 신하가 면전에서 기분 나쁜 말을 지껄여도 너그럽게 봐주곤 했다.

물론 공융과 조조 사이에는 오랫동안 쌓인 앙금이 있었다. 예전에 조조가 식량이 부족하여 곡식으로 술을 빚는 일 일체를 금지하며 '술이 망국의 원인이다'라고 이유를 달았는데, 공융이 이를 빗대어 '술이 망국의 원인이라고 한다면 여자 때문에 천하를 잃은 자가 있으니 여색을 금해야 하지 않겠느냐, 노魯나라는 유학을 중시하여 국력이 약해졌으니 유학을 금해야 하지 않겠느냐'며 조조의 명령을 비웃은 적이 있었다. 조조는 그 당시 기분이 나빴을 텐데 이 말을 전해 듣고 싱긋 웃고 지나갔다.

결과적으로 조조는 이런 옛일까지 고려하여 공융을 죽이기로 결심했을 텐데 분명한 점은 언변으로 한몫하는 공융에 대한 앙금이 깊었고, 천하 통일을 향한 남정을 앞두고 실용적인 행정 체제를 구축하는 용단으로써의 의미도 있었다.

이처럼 사마의가 두 번째 부름을 받았을 당시는 조조 진영의 태도가 많이 바뀌어 있었다. 사마의가 함부로 부름을 거절할 수 없는 분위기가 형성되어 있었던 것이다. 어쩌면 형인 사마랑으로부터 이번에도 거절하면 목숨이 위태로울 수도 있으니 응낙하고 상경하라는 권유가 있었을 수도 있다.

마침내 사마의는 끌려가듯 허도로 올라가 승상부의 문학연 자리에 임명되었다. 조조가 승상丞相이 된 시기는 바로 남정 직전이었다. 사서에는 다음과 같은 기록이 나온다.

조조는 삼공 벼슬을 없애고 이 세 직책을 통합하는 최고위직 승상을 만들어 자신이 취임하고 승상부의 하부 조직으로 실질적인 행정 부서를 배치했다.

조조가 승상 지위에 올라 승상부에 행정 체계를 두었다는 것은 이제 황제 바로 아래, 아니 공식적인 직함 이상으로 국가운영의 실질적인 역할을 시작했다고 할 수 있다.

사마의가 보임된 승상부의 속관으로 문학연이라는 자리는 고위직은 아니지만 교육·문화 등을 담당하는 요직이었다. 이때는 유비가 제갈량을 군사로 영입한 삼고초려가 이루어진 이듬해였다. 시기적으로 사마의가 조조 진영에 가담한 것과 제갈량이 유비 진영에 가담한 것이 몇 개월밖에 차이가 나지 않는다.

하지만 그 후 역사적인 사건이 계속 전개되는 동안 사

마의의 흔적은 제갈량과 달리 거의 드러나지 않는다.

조조는 남정을 했다가 실패를 맛본다. 걸림돌이 되었던 것은 적벽대전赤壁大戰이라 불리는 싸움에서의 패배였다.『삼국지연의』에서는 제갈량이 제시한 천하삼분지계를 이루는 데 가장 중요한 계기가 적벽대전이라고 했다. 제갈량은 여기서 거의 신출귀몰하는 솜씨를 발휘한다. 계절에 따라 변하는 바람의 방향을 예측하여 화공을 지시했으며, 지푸라기 더미를 신고 가서 조조의 수채를 농락해 화살 10만 개를 빼앗았다.

그러나 실제로 정사『삼국지』나『자치통감』등에서 적벽대전의 상황은 매우 간략하게 기록되어 있다.

조조는 적벽에 도착해 유비와 싸웠지만 형세가 여의찮았다. 이때 역병이 유행해 관리와 병사가 많이 죽었다. 그래서 조조는 군대를 되돌리고, 유비는 형주와 강남의 여러 군을 차지하게 되었다.

이외에도 사서의 기록을 보면 조조가 적벽대전에서 패퇴한 까닭은 제갈량의 지혜 때문이 아니었다. 조조군은 물위에서의 전투에 익숙지 못해서 과감히 전진할 수 없었고, 습한 기후 닷에 북쪽에서 원정 간 육전병들이 고전했다. 여기에 역병까지 들어 싸울 수 있는 상황이 아니었다.

어쨌든 승승장구하던 조조는 적벽에서의 패전으로 천하 통일이라는 대업을 이루지 못하고 주춤하게 된다. 이후 조조는 더욱 과감하게 인재를 모으고자 구현령을 반포한다.

한편 조조의 입장에서 격동의 시기라고 표현해도 좋을 만큼 적벽대전 이후 많은 일이 일어났다. 유비가 파촉 땅을 점령했고, 조조의 위세를 견제하려고 헌제의 부추김을 받은 복황후가 암살 음모를 꾸몄다가 들켜 이에 동참했던 사람들은 물론 일가친척까지 수백 명이 처형당했다. 이 사건을 계기로 조조는 자신의 딸을 황후 자리에 올려놓고 황제를 철저히 허수아비로 만들기도 한다.

이렇게 허도 정권의 내부와 외부에서 대사건이 벌어지고 있을 때 사마의의 자취는 거의 나타나지 않는다. 그는 출사는 했지만 평소 소신답게 자신이 나서지 않아도 될 일에 대해서는 조용히 숨어 지내는 길을 택한 것이다. 또한 사마의에 대한 조조 진영 인사들의 견제와 시샘도 어느 정도 작용했다고 할 수 있으리라.

물론 조조 자신이 사마의의 능력이나 처신을 살펴보고 견제하는 부분도 있었다. 사마의가 낭고상狼顧相이라는 소문을 듣고 확인하기 위해 조조가 사마의를 부른 적이 있었다. 낭고상이란 몸통은 그대로 있고, 고개만 돌려 뒤를 볼 수 있는 형상을 말한다. 확인해보니 과연 사마의는 낭고상이었다는 이야기도 전해온다.

　조조는 누구보다도 인재를 아꼈으나 동시에 장차 후환이 될 수 있는 인재를 경계했을 것이 틀림없다. 결국 사마의가 조조 자신과 비슷한 소신과 뛰어난 능력자라는 걸 분명히 알았고, 따라서 중시하기보다는 멀리하였다는 견해도 있다. 즉 조조는 자신의 속셈을 남에게 드러내기를 싫어했고, 부하들의 진심을 파악하는 데 능했으나 어찌된 일인지 사마의의 속내가 무엇인지 파악하기가 어려웠기에 일단은 힘을 실어주지 않으려 했다는 얘기다.

　아무튼 사마의가 출사하여 조조를 가까이서 보좌하며 첫 계책을 내놓은 때가 한중漢中을 공략한 서기 215년, 그의 나이 서른일곱 살로 조조 진영에 가담한 지 무려 7년이 지난 후였다. 당시의 상황이나 지위로 보아서 첫 계책의 진언 시기가 몹시 늦은 셈이다.

사마의보다 두 살 어린 제갈량은 이미 7년 전 융중隆中의 초옥을 나와 파촉巴蜀 땅의 실질적인 재상이 되기까지 그야말로 현란하다 못해 일세를 풍미할 정도의 업적을 보인 것에 비하면 지나칠 정도로 침체 기간이 길었고, 나이로 보아도 너무나 늦었다.

이렇게 뒤늦은 까닭을 여러 가지로 해석할 여지가 있으나 두 가지 면에서 살펴볼 수 있다.

하나는 허도 정권의 양면성에서 비롯된 것으로, 허수아비처럼 되어버렸으나 아직도 명분을 지닌 황제의 조정과 실제적인 통치를 담당하는 조조 내부 세력, 즉 가신들 사이에서의 입장이다. 사마의가 헌제의 조정을 따를 것인가, 아니면 조조의 가신 그룹에 가담하며 조씨 왕조의 출현을 보좌하는 길을 걸을 것인가를 확실히 정하지 않았을 가능성이다.

다른 하나는 능력을 발휘하여 두각을 나타낼 것인가, 아니면 일반 관리들처럼 맡은 바 일이나 하면서 세월을 보내겠다는 자숙형 길을 택할 것인가 하는 선택이다.

조조는 자기 당대에 천하 통일의 뜻이 확고했으므로 무리한 정책이라도 과감히 밀어붙이는 경우가 의외로 많았고, 자신의 반대파에 대해 혹독한 처벌을 주저하지 않았기에 사마의로서는 조심스럽게 자기 직책에서 요구하는 업무만을 집중하여 수행했다고 볼 수 있다.

게다가 조조가 자신을 어느 정도 경계하는 것을 느꼈을 것이니 앞으로 나서기보다는 뒤에서 조용히 때를 기다리는 것이 가장 나은 처세술이라고 생각했을 가능성도 있다. 한편으로 사마의 자신은 대단한 책략을 갖고 있었으나 아직은 조조의 확고한 신임을 받지 못했으므로 적절한 시기를 기다렸을 개연성도 있다.

'신임을 받는다.'

이는 조직에서 대단히 중요한 문제다. 상관의 신임이 확실하지 않은데 앞장서서 열심히 일해 성과를 올린다고 능력을 인정받는 건 아니다. 오히려 의외의 견제를 받기 십상이고, 성과가 바로 나타나지 않으면 책임을 지게 되거나 적어도 무능하다는 이유로 따돌림을 받게 된다. 동료들이나 부하들의 경우도 크게 다르지 않다. 어떤 조직에서 신임을 받는 것이 그리 쉬울 리 없다. 더구나 권력의 세계란 실적만이 중시되는 것이 아니라 개인적 친소 관계가 의외로 크게 작용한다. 영원한 동지도 적도 없다. 어제까지의 동지가 순식간에 경쟁자가 되거나 권력자 눈 밖에 나면 친구까지 무서운 적이 되기 마련이다. 목숨이 아닐지라도 지위나 현실적인 이해상반에서 얼마든지 비슷한 일이 벌어진다.

때를 기다리며 최고 권력자의 신임을 얻는 일부터 시작하는 것이 무난한 처세술이다. 그 이후에 실력을 발휘하면 된다. 서두르는 건 경쟁자인 주위 인물들로부터 질시 받을 위험도 있고, 잘하는 선택으로 여기기 힘들다. 사마의의 처신에서는 이런 점들이 감안되었으리라.

오늘날의 직장인들도 역시 조직 내에 신임의 문제에서 자유로울 수 없다. 현재 40대를 바라보는, 아니 비슷한 나이라면 지금까지 이 신임 문제와 관련하여 수없이 갈등을 겪어 보았을 것이다. 소극적으로 보였을지라도 인생 전체를 보면 신임을 얻으려 노력했거나 갈등했던 과정 자체가 나중에 보면 값진 경험이 될 수 있다. 그것이 성공적이었든, 그렇지 못했든 경험해보지 않고서는 도저히 알 수 없는 일이니 말이다.

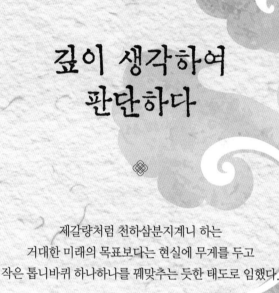

3장

깊이 생각하여
판단하다

제갈량처럼 천하삼분지계니 하는
거대한 미래의 목표보다는 현실에 무게를 두고
작은 톱니바퀴 하나하나를 꿰맞추는 듯한 태도로 임했다.

深_심思_사熟_숙考_고

첫 계책과 연관된 고사 '득롱망촉'

'전략은 어디까지나 대담하게, 전술은 최대한 치밀하고 세심하게'라는 말이 있다. 전략이란 쉽사리 변해서는 안 되는 것이기에 대담하고 웅장할수록 좋겠으나, 전술은 목표를 실현하기 위한 구체적인 방법이므로 그때그때 변화하는 상황을 고려하여 가능한 한 치밀하게, 세세한 점까지 고려해서 정해야 한다는 의미다.

동시에 전략이란 어디까지나 '이쪽의 뜻대로 이루어진다'는 것을 전제로 한다. 바꾸어 말하면 이쪽의 뜻대로 하겠다는 것이 전략이다. 예를 들어 '적을 이기자'라고 한다면 이기는 것이 전략이고 또한 이기면 해결된다. 그런데 상대 역시 나름대로의 전략적 의도가 있기 때문에 이쪽 의도대로 움직여 주지 않는다. 그래서 적을 물리쳐 이기는 세밀한 전술을 구사해야 하는 것이다.

동시에 고려할 점은 전략을 자주 바꾸거나 핵심 사항을 두고 변화를 반복하는 것은 대단히 위험한 일이라는 사실이다. 때로 '이기자'는 전략을 바꿔 '지지 않으면 된다'는 쪽으로 갈 수도 있다. 그렇다고 전술에 있어서 패하지 않으려고 대충 한다는 건 말이 안 된다. 이기지는 않아도 져서는 안 되기에 전술 면에서는 오히려 이기자는 쪽보다 더욱 세밀한 방법이 요구된다. 운동 경기를 해보면 확연히 알 수 있듯 이기는 것보다 비기는 것이 더 어려운 경우가 의외로 많다.

사마의는 허도의 조정에 출사하여 여러 직책을 담당했으나 대외적으로 첫 계책을 낸 시기는 조조 밑에서 일한 지 7년이 되어서였다. 조조가 장로의 항복을 받아 한중을 점령했을 때(219년)이다. 당시의 모습을 『진서』〈선제기〉, 『자치통감』(권 65)과 『삼국지연의』(제 67회)에서 대략 비숫하게 설명하고 있다.

한중의 지배자 장로張魯가 마침내 자신의 능력으로 지킬 수 없다는 걸 깨닫고 항복하니 조조는 크게 만족하였다. 그리하여 조조는 장로가 창고와 부중府中에 있던 모든 물건을 불태우지 않고 봉해뒀던 공로를 인정하여 융숭히 대접하고 진남鎭南 장군에 봉했다. 그리고 장로의 측근들을 후侯에 봉하니 이리하여 한중 땅은 모두 평정됐다. 군마다 태수와 도위都尉(장수)를 두었다. 이때 주부主簿(오늘의 총리실 총무 재정 담당관) 벼슬에 있는 사마의가 간곡히 고했다.

"유비가 지금 속임수로 유장劉璋을 몰아내고 파촉 땅을 차지했으나 아직 민심을 얻지 못하고 있습니다. 이런 때 주공께서 한중을 얻었으니 이 소식을 들은 성도成都(파촉의 수도)에서는 큰 충격을 받았을 것입니다. 이 기회에 군사를 거느리고 파촉으로 나아가서 일거에 몰아친다면 그들(유비 진영)은 무너집니다. 지혜 있는 사람은 때를 거스르지도 않지만 기회를 놓치지도 않는다 하지 않습니까? 이 시기를 놓치지 마십시오."

이 말을 들은 조조가 탄식하기를 "인생이 괴로운 것은 만족할 줄 모르기 때문이다. 내 이미 농서隴西(섬서성 남부) 땅을 모두 얻었는데 다시 파촉 땅끼지 바랄 게 있겠는가?"(득롱망촉)라며 군사를 이끌고 나아갈 뜻이 없음을 밝혔다.

유엽劉曄이 곁에 있다가 재차 고했다.

"중달의 말이 옳습니다. 만일 우리가 이번 기회를 놓치면 유비 진영이 튼튼해집니다. 제갈량은 나라를 다스리는 데 밝기 때문에 정승이 될 것이고, 또 관우와 장비는 용맹으로써 삼군을 통솔하여 촉 땅 백성들은 기꺼이 복종하고 안정될 것이니 우리는 다시 그들을 칠 기회가 없게 될 것입니다."

조조가 고개를 저었다.

"군사들이 먼 길을 와서 노고가 많으니 또한 휴식을 베풀 줄도 알아야 한다."

조조는 군사를 쉬게 하고 움직이지 않았다.

득롱망촉得隴望蜀의 고사는 바로 이 일을 말한다.

사마의가 한중 땅 점령의 기세를 이용하여 파촉 진격을 진언했을 당시, 파촉의 백성들은 '조조가 쳐들어온다'고 걱정하며 하루에도 몇 번씩 놀라곤 했다는 기록이 있으며, 유비가 제갈량을 청해서 이 문제를 상의하니 '우리

는 강하江夏·장사長沙·계양桂陽(형주의 3개 군)을 손권에게
돌려주고 손권으로 하여금 북진하여 합비合肥를 공격케
하면 조조는 남쪽을 도우러 떠날 것이기에 자연히 조조
군의 침공을 저지하게 될 것'이라는 해결책을 내놓았다.
이때가 파촉을 점령한 유비 진영의 최대 위기였음은 분
명했다.

그런데 조조는 사마의의 진언을 받아들이지 않았다.
당시 조조의 나이 예순둘, 죽기 4년 전의 일이다. 이 무렵
조조는 젊은 시절의 패기나 야망이 상당 부분 쇠퇴했고,
연령상으로 볼 때 더 이상의 욕심보다는 현실에 안주하려
는 성향이 농후해진 시기였다고 볼 수 있다.

원래 득롱망촉의 고사는 『후한서後漢書』〈잠팽전岑彭傳〉
에 나오는데 후한 창업주 광무제光武帝의 다음과 같은 서
신에서 유래된 것이다.

사람은 만족을 알지 못하므로 고생한다. 농을 평정하니 또
촉을 바라게 되는구나. 하지만 한 번 군대를 보낼 때마다
이로 인하여 머리카락이 희어진다.

광무제는 당시 감숙甘肅 일대를 다스리던 외효와 촉 땅을 지배하고 있던 공손술公孫述이라는 두 사람을 정벌하고자 건무建武 8년(32년) 장수 잠팽에게 군사를 주어 보냈는데 원정군이 고생할 것을 생각하면 자기 마음도 심히 안타깝다는 뜻으로 이 편지를 썼다. 잠팽은 광무제의 이 따뜻한 배려에 보답하고자 맹렬히 공격하여 농을 평정했는데, 촉까지 진격할 것을 두려워한 촉 출신 자객에게 암살당하고 말았다.

조조는 물론이려니와 사마의나 유엽도 이 광무제에 얽힌 고사를 알고 있었을 것이다. 광무제는 한나라 고조 유방에 비해서 훨씬 근엄하고 진실한 인간이라는 정평이 있었던 데다 두 사람은 각각 전한과 후한의 창업자로서 여러모로 대비되었다. 후한 말엽에 난세가 펼쳐지면서 새로운 창업자의 출현을 갈망하는 기류가 허도에 팽배했을 때 많은 이들이 유방과 광무제 이야기를 하면서 조조에게 결단 내릴 것을 강조하고 있었다. 조조는 그 무렵에 위공국을 세워 독립적인 왕국 건설의 토대를 마련하고 있었고, 여론상 광무제를 닮아 군사를 진실로 아낀다는 평판을 받고 싶었기에 이런 고사를 인용하여 사마의의 진언을 받아들이지 않은 것이다.

조조는 이제 이 정도에서 그치고 싶다는 뜻을 에둘러 표현한 것이리라. 오래전부터 조조는 자신이 한漢나라를 뒤집어 엎어 새로운 나라를 세우는 창업자, 즉 찬탈자는 되지 않을 것이며 새로운 제국 건설만큼은 자기 후대의 몫으로 넘기려 하고 있었다.

사마의의 '파촉 진격' 진언은 그동안 조조 진영이 일관되게 추진해 온 천하 통일 대업의 완성이라는 측면에서 볼 때 지극히 당연한 전략이었다. 유엽도 이에 적극적으로 동조하였다. 유엽은 조조에게 있어 최상급의 신임을 받던 책사이자 지략 덩어리였고, 결코 허튼 말을 하는 인물이 아니었다.

유엽의 활약은 조조에게 오랫동안 큰 힘이었다. 과거 관도에서 원소와의 결전을 앞두고 당시 조조가 가장 공들인 일이 주변 세력과 연합하여 원소와 맞서는 일이었다. 연합에 포함해야 할 주변 세력 가운데 가장 중요한 군벌이 장수와 가후였다. 이때 가후를 설득하기 위한 사절로 조조의 특명을 받아 파견된 인물이 유엽이었고, 관도 전투 당시 원소군을 격멸하는 데 큰 공을 세운 발석거_{發石車}(돌을 쏘아 날릴 수 있는 수레)를 고안하여 제작한 인물 또한 그였다. 조조는 원소군이 땅굴을 파서 공격해 올 때도 그 대책을 유엽에게 물어 영채 주위에 깊은 참호를 파서 원소의 두더지 작전을 좌절시키기도 했다. 그런 유엽이 곁에서 사마의의 파촉 진격 진언에 동조하였는데도 조조는 받아들이지 않았다.

당시 파촉의 상황을 살펴보면, 유비가 점령했다고 하지만 그때까지 파촉 땅은 주인이 바뀌는 과정이었고, 유비에 대한 반감도 커서 그동안의 난세의 법칙이 그대로 진행되고 있었다. 사실상 파촉을 지배하고 있던 기득권 세력 호족들이 강한 세력 측에 붙어서 장래를 보장받으려 이합집산을 거듭하고 있었다. 유비가 유장을 제거한 과정도 백성들에게는 쉽게 이해되기 힘들었다. 유비와 유장은 협력 관계에 있다가 유비가 오히려 권모술수로 제거를 꾀했고, 결국 무력으로 유장을 제거했다. 그래서 파촉 지역의 호족들이나 유력자들은 이 과정에서 여럿이 죽거나 멸족당하는 큰 상처를 입었다.

잠시 유비의 특이한 세력 확장 방법에 대해 살펴보기

로 하자. 그는 삼국지 무대에 등장하는 여러 영웅호걸과는 전혀 다른 입지에서 세력을 키웠다는 특징이 있다. 다른 군벌들은 대부분 일정한 지역을 차지하여 근거지를 삼고 나서 차츰 주변부로 세력을 펼친 데 비해, 유비는 거점 방식이 아니라 여기저기 마치 유랑하듯 떠돌아다니며 부하들을 모으고 그때그때 편리한 형태로 여러 군벌과 호족에 의탁하며 기회를 노리고 있었던 것.

그가 도원결의로 처음 세력을 모아 의병을 일으킨 고향 탁현涿縣 고을에서 시작할 때도 그 지역은 유비의 근거지가 아니었다. 군웅할거가 시작되었을 때 그곳은 호족 공손찬이 차지하고 있었다. 이후 유비는 공손찬의 부하로 있다가, 조조가 서주徐州를 공격하자 서주에 기반을 두고 있던 도겸陶謙을 도왔다. 전투 중 도겸이 사망하고 그제야 겨우 서주를 자신의 근거지로 삼게 되었지만, 세력을 키우기도 전에 여포에게서 공격받아 그나마 마련한 서주마저 빼앗겼다.

도망친 유비는 허도에 가서 조조의 식객이 되고 만다. 허도에서도 유비는 오래 버티지 못하고 헌제의 밀서를 받아 조조를 죽이려다가 실패하는데, 한왕조에 대한 충성이라고 평가받기도 하지만 달리 보면 조조를 해치우고 그의 기반인 허도에서 출세해 보려고 한 것으로 해석되기도 한다.

이후 황제를 참칭하다가 몰락한 원술을 제거한다는 평계로 조조를 속이고 군사를 빌려 서주를 일시 차지했으나, 이 역시 자신의 근거지로 만들지 못하고 조조군의 공격을 받자 가족까지 내팽개친 후 북쪽으로 달아나 원소에게 의탁했다. 이후 원소의 몰락이 확실해지자 이번에는 형주의 유표에게 의탁했다.

그런데 유표가 죽고 후계자 유종劉琮이 남하하는 조조에게 항복하자 이번에는 강동의 손권과 손을 잡고 조조를 물리치고 형주를 차지했다. 이 형주를 두고 손권과 갈등하다가 또다시 파촉으로 가서 유장을 몰아내고 성도의 주인이 되었다.

이렇듯 유비의 움직임을 보면 어느 한 곳에 확실한 기반을 두기보다는 대륙 곳곳을 떠돌면서 동가식서가숙할 정도로 몹시 복잡한 양상을 보인다.

훗날 명나라의 사상가인 이탁오李卓吾가 지적한 바에 의하면 '조조는 속임수의 달인이고, 유비는 기회주의의 상징 같은 자'였다.

아무리 좋게 생각해도 유장을 속이는 과정에서 유비가 보인 형태 때문에 파촉 일대 지역 민심을 수렴하려면 꽤 오랜 시일이 필요했다. 더구나 그 무렵 유장에게 유비를 경계하라고 조언했다가 쫓겨난 많은 인물들이 아직 많이 남아 있었으므로 조조군이 파촉 경계를 넘어온다면 파촉의 호족들은 이해관계에 따라 사분오열되겠지만, 그들 중 상당수가 조조군에게 호응할 가능성이 컸다는 점은 분명하다.

오늘날에도 연고라는 지역 기반이 사회생활에서 중요한 비중을 차지하는데, 1천 8백 년 전에는 상상할 수 없을 정도로 지역 연고를 따졌을 것임을 감안해야 할 것이다.

이런 상황을 종합해보면 한중 점령 이후 조조 진영에서 사마의의 '파촉 진격' 계책이 나오고 이를 둘러싼 조조 진영 내부의 의견 충돌은 소설 『삼국지연의』의 묘사처럼 간단하지 않았을 것이다.

사정이 어떠하였든, 결과로 나타나지는 않았지만 사마의가 제안한 파촉 진격은 여러모로 성공할 가능성이 있는 제안이었다. 조조에게 어떤 복잡한 사안이 달려 있던 것인지는 모르겠으나 사마의의 판단력이 정확했음은 변치 않는 사실이다.

황실인가, 조조인가?

역사에서 가정법은 무의미하다고 하지만 일정한 사건을 평가할 때는 당시 상황을 고려하여 합리적으로 재구성하는 방법이 충분한 의미를 갖는다. 이후 조조 진영과 유비 진영 사이에 한중을 두고 벌어진 일을 돌이켜 보면 더욱 그렇다.

사마의의 계책이 받아들여지지 않고 조조가 한중에서 귀환한 이후 유비 진영은 새로 얻은 영지에서 열심히 세력 확대에 온 힘을 쏟았고, 그 무렵 조조 진영과 손권 진영은 일대 격전을 벌이게 된다. 손권 진영이 해마다 허도의 조정에 공물을 바치는 조건으로 화평이 이루어지는 기간에 파촉 땅 호족들을 안무하여 정세를 안정시킬 수 있었다. 조조는 일종의 지방정권으로서 손권을 인정한다는 정도의 의미였다.

그렇다면 조조가 이때 한중 땅을 점령하는 정도에서 만족하고 퇴각한 이유가 파촉의 지방정권 정도로 유비를 인정했기 때문이라는 가설도 가능하다.

이후 허도의 문무 고관들이 조조를 위공의 신분에서 위왕魏王으로 높이자는 공론을 일으켰고, 한중 땅에 대한 관심도 무뎌져 끝내는 이 지역을 유비에게 빼앗기게 된다.

사실 조조 진영에서는 얼마 전부터 외부에서 일어나는 일보다 내부의 갈등을 다스리는 문제가 급선무였다. 조조가 벌써 60대 중반의 나이로 연로했고, 흔적만 남아 있는 유명무실한 후한 정권을 대신할 새로운 제국이 조조의 후대에 이루어져야 한다는 공론이 스멀스멀 대두되었다. 권력 정상부에서 심각한 변화가 논의되고 있었던 것이다. 그 첫 작업이 조조의 직할 왕국(위의 성립)을 만드는 일이었다.

조조 휘하의 책사들은 다음과 같은 구상을 공공연히 주장하고 있었다.

'지방정권이라 하지만 남쪽 강동의 손권은 마치 제왕처럼 자기 영토를 다스리고 있다. 유비 역시 서쪽 모퉁이 일부를 차지하고 있으나 어디까지나 파촉의 실질적인 지배자다. 그런데 허도 정권에서 실질적인 통치자 역할을 하고 있으며, 중국 천하의 삼분의 이를 비롯해 중원 지역을 완전히 장악하여 다스리고 있는 조조의 처지는 어떠한가? 황제가 살아 있는 탓에 명목상 신하로 되어 있다. 조조가 어떤 일이라도 하려면 황제를 둘러싸고 있는 세력들을 고리타분한 옛 이론이나 들먹이면서 마치 조조가 역적인 것처럼 주장하고 심지어는 변란을 일으키려 하는 것이다. 따라서 이번 기회에 아예 황실을 비롯해 후한제국의 추종자들을 말끔히 제거하고 조씨에 의한 신제국을 출범시키는 것이 바람직하지 않은가.'

조조의 가신들은 실질적인 명분관 지방정권의 폐해를 앞세워 거센 주장을 펼쳤다. 급기야 중론이 모였고, 다음과 같이 헌제에게 상소했다.

위공 조조의 공덕은 하늘에 극하고 땅에 두루 퍼져 이윤伊尹 (은나라 때의 명재상), 주공周公(주나라 때 명재상이자 주왕을 대신해 천하를 안정시켰다)도 따르지 못할 업적을 쌓았으니 마땅히 위왕으로 봉하소서.

후한 성립 이후 고조 유방 이래로 유劉씨 성을 가진 사람만을 왕으로 봉해왔다. 헌제 입장에서 이 원칙을 깬다는 것은 상상하기 힘든 일이었고, 조조를 왕으로 봉한다는 사실 하나만으로 후한 왕조가 막바지로 접어들었음을 대외적으로 공표하는 셈이 아닌가. 헌제는 그럴 마음이 없었으나 결국 하는 수 없이 조조를 위왕으로 책립했다.

조조가 예의상 헌제에게 글을 올려 세 번 사양하고 나서야 위왕에 올랐다. 기주의 업성이 왕도였다. 이어서 변부인이 낳은 아들 가운데 장자인 조비를 후계자로 삼고, 조휴를 어림군 총독, 종요를 위왕국의 상국相國, 화흠을 어사대부御史大夫로 삼아 체제를 갖춰 왕궁을 세우니, 허도의 황실은 허수아비나 다름없었다.

조조는 위왕국을 세우면서 평소 능력이나 경륜을 높이 평가했던 인재들을 깍듯이 대접하였다. 그런데 가까운 인척이나 신임하는 인물들 대부분을 위왕국의 주요 직책에 임명하지 않았다. 조조에게 또 다른 계획이 숨어 있었을까?

조조는 이 무렵 무장으로서는 일족인 하후돈과 조홍을 가장 믿었고, 책사로서는 가후, 사마의를 장차 국가의 기둥으로 여기고 있었다. 실제로 위왕국 성립 4년 후 임종을 맞을 때, 조조는 이들 4인을 불러 조비가 후사를 잇도록 부탁했다. 유탁을 받는 신하는 개인적으로 영광일뿐더러 장래가 튼튼하게 보장되는 최고의 신임장이나 다름없는 위치를 갖게 된다.

여기서 위왕국 성립 초반에 조조가 가장 신임하는 4인, 사마의를 포함하여 그들을 업성(위왕국의 수도)의 주요 직책에 세우지 않은 까닭은 후계자 조비에 대한 배려이자 후계자가 한제국을 대신하여 위제국을 건설하고 천하 통일의 위업을 이루었으면 하는 복안에서 이루어진 조치였다고 봐야 할 것이다.

고대로부터 제왕은 후계자가 안전하게 정권을 유지하려는 비책으로 후계자의 손에 주요 인물들의 임용이나 승진, 또는 중요한 신병 처리를 넘겨주는 조치를 해왔다. 그렇게 함으로써 후계자가 그들에게 중용이라는 혜택을 주고 선대보다 더욱 신임한다는 메시지를 전달함과 동시에 충성하라는 의미였다. 은총을 받은 신하가 충성을 바쳐 왕권을 탄탄하게 만들라는 계산이었다. 이런 조치는 찬탈자를 막기 위한 대책으로도 매우 유용하게 쓰였다. 선대에서는 높은 지위를 누렸는데 후계자에 의해 벼슬자리에서 물러나게 되면 모반을 꿈꿀 수도 있기 때문이고, 실제로 그런 일은 역사상 비일비재하게 일어났다.

후계자에게서 배려를 받아 고위직에 오른 신하는 모반을 일으킬 명분을 잃고 만다. 자신을 등용해 준 권력자를 배반한다는 비난은 유교적 논리에서 가장 비열하고 못된 배신으로 꼽혔다. 따라서 유탁을 받았거나 후계자로부터 파격적 예우를 받으면 체제 안에서 열심히 충성하는 도리밖에 없었다고 생각하면 된다.

조조는 책사 가운데 진군, 가후 그리고 사마의를 죽기 직전 불러서 후계자인 조비를 부탁했다. 그러니까 후계자 조비가 헌제로부터 선양받아 위제국을 창업하게 되면 장차 조비 곁에서 일할 국가의 핵심적인 인재 가운데 하나로 사마의를 낙점한 것.

처음 조조가 사마의를 멀리했다는 기록과 비교해보면 후계자를 부탁할 정도로 사마의를 신뢰하게 되었다는 의미로 볼 수도 있고, 아직도 사마의를 의심해서 모반을 꿈꾸지 말라는 안전장치를 한 것으로 해석할 수도 있다.

아무튼 조조의 말년에 사마의는 조위 정권의 핵심적

중신 대열에 올라 있었고, 장차 위魏나라의 간성으로 역할을 할 수 있는 기회를 누리게 되었다. 진면에 나서지 않고 뒷바라지에 열심이었던 사마의가 권력 내부에서 최고 권력자의 절대적 신임을 받는 위치에 올랐음을 보여준다.

'허도를 지키는 계책'을 내놓다

"도읍을 옮겨서는 안 됩니다."

사마의는 강력하게 주장했다. 책사로서 그의 면모를 유감없이 보여 주는 두 번째 계책을 진언한 것은 촉한의 명장이자 형주 총독인 관우가 번성樊城을 포위하고, 구원군으로 보낸 조조 진영의 우금于禁과 방덕龐德을 제압하여 극도의 위기감이 팽배한 시점에서였다.

'관우, 화하華夏(중국 전체를 이르는 말)를 뒤흔들다.'

이런 격렬한 표현을 쓸 만큼 당시 번성을 포위하고, 조조 진영의 남쪽 경계 지역을 강타한 관우의 용맹은 조조에게 최대의 위협이었다. 관우군이 계속 북진하여 허도를 위협할까 봐 겁이 난 조조는 서둘러 문무 대신들을 소집하고 의기소침하여 더듬거렸다.

"과인은 관운장이 절세의 지혜와 용맹을 겸한 줄 알고 있었지만 이제 형주와 양양을 둘 다 차지했으니 이는 범이 날개를 얻은 격이다. 더구나 우금은 사로잡히고 방덕은 죽임을 당했으니 우리 군사의 사기는 다 꺾인 셈이다. 만일 그가 군사를 거느리고 허도를 향해 북진해 온다면 어찌할꼬. 과인은 도읍을 딴 곳으로 옮기고 그의 예봉銳鋒을 피할 생각을 해봤다."

그야말로 예전의 조조답지 않은 발언이었다. 위왕으로 봉해진 후 나이 탓인지 조조는 천하를 통일하겠다는 예전의 기백을 거의 잃어버린 것이 사실이었다. 과거 적벽대전에서 패배하고 허도로 돌아왔을 때도 낙심천만한 모습이 전혀 아니었다. 아니 적극적으로 인재를 구하는 구현령을 반포하고 화려한 동작대銅雀臺 건설을 자축하는 등 사방에 자기의 건재함을 과시했었다.

이 시절 전쟁에서 승전과 패전을 결정짓는 가장 중요한 상징성을 갖는 것이 수도의 안위였다. 수도를 적군에게 빼앗긴다는 것은 치명적인 국가적 수치이자 일반 민중들에게는 망국의 조짐으로까지 인식되던 시대였다. 그렇게 되면 조정은 힘을 잃고 백성은 물론 사대부나 군인들의 시기까지 땅바닥에 떨어지게 마련이다. 이를 모를 리 없는 조조는 허도를 포기하는 것이 어떻겠냐고 의견을 물었다.

조조 앞에 도열하고 있던 문무백관들은 입이 열 개라도 말을 하지 못할 만큼 침울한 분위기였을 것임에 틀림없다.

그런데 사마의가 분연히 일어나 강경한 어조로 고했다. 이때 그의 벼슬은 승상부의 군사마軍司馬(총리실의 군 작전 담당관에 해당)였다.

"결코 그래서는 안 됩니다."

조조가 아무리 꾀가 많았다고 하나 '도읍을 옮겨 적장의 예봉을 피하겠다'는 방법을 쓰는 것은 조조 정권의 기본 전략에 맞지 않았다. 그때까지 조조는 누가 보아도 합리적인 인물이었고, 전투에서 패할지언정 겁을 먹고 달아나지는 않을 인물이었다. 하지만 이때의 '허도 철수' 발언은 위기의식의 실토이자 기본 전략을 바꾸면 어떻겠느냐는 중대한 변화를 제시하는 말이었다. 다른 중신들이 어쩔 줄 몰라 하며 숨죽인 가운데 사마의가 조조의 발언을 단호히 가로막았다.

이전의 파촉 진격을 조조가 거부했을 때는 별다른 이의 없이 받아들여 뒤로 물러섰던 사마의였다. 그러나 이제는 달랐다.

"지금 우리가 다소 어려운 처지에 있습니다만 우금군이 홍수에 적절히 대응하지 못한 것이지 패배한 것이 아닙니다. 그리고 손권 진영과 관우의 관계는 별로 좋지 않습니다. 따라서 손권 진영에서도 관우가 기세를 올리는 것에 대해 기뻐할 일이 아닐 것입니다. 대왕께서는 손권에게 사람을 보내 그들을 이해利害로써 타이르되, 손권이 몰래 군사를 일으켜 관우의 배후를 친다면 우리도 적극 도울 것이고, 마침내 형주를 빼앗는다면 그 땅을 손권과 함께 나누겠다고 약속하십시오. 그러면 손권군에게 위협을 느낀 관우는 번성의 포위를 풀고 철수하게 될 테니 이 문제는 저절로 해결될 것입니다."

이때 서조속西曹屬 벼슬의 장제蔣濟가 동조했다.

"중달의 말이 옳습니다. 우금은 홍수에 매몰된 것이지 싸워서 패한 것이 아닙니다. 유비와 손권은 겉으로 친한 것 같지만 안으로는 소원하니 관우의 기세를 손권이 좋아하지 않을 것입니다. 즉시 사람을 강동으로 보내십시오. 도읍을 옮기기 위해 애쓸 필요는 없을 것입니다."

장제 역시 성품이 맑고 기개 있는 선비로 이름을 날린 사람이다. 조조는 두 사람의 진언을 받아들여 도읍을 옮길 생각을 접고 서황徐晃에게 군사를 내주어 번성 구원군으로 파견하여 관우를 견제하는 한편, 손권에게 밀서를 보내 형주의 배후를 치도록 작전을 바꾸었다.

소설 『삼국지연의』에서는 이 부분을 손권 휘하의 강하 총사령관인 여몽呂蒙이 병이 났다며 도읍으로 귀환하자 현지의 사령관직을 어린 육손陸遜에게 맡겨 관우를 방심케 한 후 쳐들어가서 형주 땅을 빼앗는 것으로 묘사하고 있다.

노련한 여몽이 사라지고 새파랗게 어린 육손이 사령관에 오르자 관우가 손권 진영을 우습게 보기 시작해서 제대로 방비하지 않았고, 육손이 이 틈을 타서 봉화대를 모두 점령하는 바람에 적이 쳐들어왔는지 몰랐던 관우가 잡히게 되었다는 전개다.

물론 이 지적이 허위는 아니다. 하지만 단순히 관우가 방심해서 봉화대를 점령당하고 전투에 패배한 것은 아니었다. 사마의가 짜 놓은 계책에 걸려 서황과 싸우느라 뒤를 돌볼 겨를이 없었기에 그렇게 된 것이다.

사마의는 관우로 하여금 번성의 포위를 풀게 하기 위해서 손권을 움직여 형주성을 배후 공격하게 만드는 치밀한 작전을 제시했다. 이리하여 손권 진영의 여몽이나 육손은 관우군 주력 부대가 서황과 맞선 틈을 이용하여 상인으로 위장하는 술수로 봉화대를 접수하고, 형주 일대를 점령할 수 있었다. 이런 작전의 배후에 사마의의 입김이 완벽하게 작용한 것은 우연이었을까?

이 결과로 끝내 관우가 손권 진영에 잡혀가 처형당하게 된다. 그리고 유비에 의한 복수전이 전개되는 등 삼국 정립기 초반을 이끌던 인물들이 극적으로 연이어 퇴장하는 사건과 시기가 맞물린다.

제갈량과 사마의의 대결은 이후 제갈량이 북벌에 나서면서 본격적으로 벌어진다. 사마의가 운 좋게 마지막에 승리하여 패권을 잡았다고들 생각하지만, 이미 사마의와 제갈량이라는 두 거목의 국가 운명을 건 대결은 시작되고 있었다.

이런 일련의 사건이 일어나게 된 초반부터 시작하여

일정한 역할을 한 책사가 사마의였고, 그에게 말려든 쪽이 제갈량이라는 설명도 가능하다. 그 과정은 다음과 같다.

한중을 점령한 조조가 사마의의 진언을 받아들이지 않고 장수 하후연夏侯淵에게 수비를 맡긴 후 귀환하였다. 그 후 위왕으로 봉해지는 등 내부 문제에 정신없는 틈을 타 유비 진영에서 대대적인 공세를 펼쳐 한중 땅의 태반을 점령했다. 화가 난 조조가 대군을 거느리고 한중으로 나아갔다가 전세가 여의찮아 후퇴하여 업군으로 돌아왔다.

『삼국지연의』에서는 이 무렵의 상황을 '계륵鷄肋'이라는 암호에 대한 이야기로 조조와 측근 양수의 갈등으로 묘사해 재미를 더하고 있다. 먹자니 마땅치 않고 버리자니 아까운 닭갈비와 같은 존재라는 뜻으로 계륵을 사용하여 한중 땅을 사이에 양 진영의 대립을 은연중 보여준 점도 꽤 독자들의 인기를 끌었다.

조조가 한중을 포기하고 업군으로 돌아오자 허도에서 표문이 올라왔는데 그것은 '유비가 한중왕漢中王이 되었다'는 내용이었다. 조조는 격노했다.

"돗자리나 짜던 미천한 자가 감히 왕이라 칭하다니…….
내 맹세코 그자를 혼내 주리라."

그러고 나서 좌우에 명령하기를 '한중으로 쳐들어가 유비와 성패를 가르겠다'며 군사를 소집하려 했다. 그때 사마의가 진언했다.

"한때의 분노로 병사를 일으켜 원정해서는 안 됩니다. 제게 계책이 있으니 화살 한 대 쏘지 않고도 유비를 촉 땅에서 불행하게 하리니, 그들이 쇠하기를 기다려 장수 한 명만 보내면 곧 성공할 것입니다."

조조가 반색하며 계책을 물었고, 사마의는 차근차근 그 방책을 설명했다.

"강동의 손권은 그 여동생을 유비에게 시집보냈다가 틈을 타서 몰래 데려갔습니다. 또 유비는 예전에 약속한 파촉을 점령하면 형주를 손권에게 돌려주겠다고 해놓고도 차일피일 핑계를 대며 반환하지 않았기 때문에 그들 사이는 예전과 달리 원한이 깊이 쌓이고 있습니다. 그러니 이제 말 잘하는 사람이 친서를 가지고 강동에 가서 손권을 설득하여 형주를 치게 하면 유비는 반드시 군사를 일으켜 형주를 구원할 것입니다. 때를 노려 우리가 군사를 거느리고 한중과 파촉 땅을 친다면 유비는 양쪽을 동시에 막지 못하고 반드시 무너질 것입니다."

사마의는 당시 전개되는 삼국의 갈등 상황을 마치 손바닥처럼 꿰뚫어 보고 있었나. 유비는 적벽대전 이후 손권에게 돌려주기로 한 형주 땅을 이런저런 핑계를 대며 반환하지 않고 있었고, 손권은 유비를 자신의 영향권 안에 두고자 여동생을 시집보냈던 것인데 여의치 않자 몰래 데려왔던 것이다.

조조는 사마의의 계책을 듣고 말 잘하는 사신을 강동으로 파견하여 손권을 설득해서 동맹을 맺었다. 이 사실을 탐지한 유비 진영 역시 즉각 대책을 강구하였다.

그때 제갈량이 "먼저 군사를 일으켜 번성을 치라고 하십시오. 적군이 크게 혼이 나면 이 일은 자연 풀릴 것입니다" 하고 관우의 번성 선공책先攻策을 유비에게 진언했다.

관우는 이 계책에 따라 출전하여 초반에 번성을 수비하는 조인군을 격파하는 등 승승장구했으나 결국 조조와 손권 양쪽의 협공을 받았다. 그리고 성도로부터 후속 지원받지 못한 관우는 끝내 형장의 이슬로 사라졌다.

결국 사마의와 제갈량의 일차 지략 대결은 번성에서의 일이었다. 사마의가 유비 측의 관우를 패망시켰으니 이는 제갈량 쪽이 첫 패배를 당했다고 할 수 있을 것이다.

여담 같은 내용이지만, 이때 성도에서 관우에 대한 지원이 일체 준비되지 않았던 것을 두고 '제갈량이 정치적으로 관우를 견제하려다가 끝내는 죽게 했다'는 견해도 있다.

이 일이 있고 얼마 후 조조가 사망하여 조비가 뒤를 잇게 되는데 이 기회를 노려 손권이 조조 측의 번성과 양양을 공격하는 일이 일어나기도 했다.

그때 위나라 대부분의 중신들이 '번성이나 양양 지역은 군량미가 없어서 오나라 도적들을 막을 수 없다'며 철군을 주장했다. 그러나 사마의는 '손권은 이제 막 관우를 물리치고 형주를 차지하여 새로운 점령지를 수습하기에 벅찰 지경이다. 따라서 손권의 공격은 그리 걱정할 일이 아니다'라고 진언했다.

그런데 조비는 사마의의 진언을 따르지 않고 번성을 지키던 조인曹仁에게 철수 명령을 내려 번성과 양양은 그대로 손권 수중에 들어가게 되었다. 손권은 그야말로 두 성을 손쉽게 주운 셈이었다. 나중에 조비는 이 사실을 알고 크게 후회하여 사마의에게 미안하다는 투의 변명을 늘어놓았다고 한다.

번성을 둘러싸고 벌어진 위·촉·오 삼국의 모략과 전투 등 일련의 과정을 살펴보면 사마의가 예전의 문관 시절과 달리 지략가로서 치밀한 작전과 상대의 허점을 예리하게 파고드는 안목이 남달랐음을 분명히 알 수 있는 대목이 있다.

조조라는 거목이 무대에서 사라진 후, 후계자가 된 조비가 위제국을 성립하고 체제를 안정시킬 때 사마의는 다방면에 걸쳐 혁혁한 업적을 세웠다.

이런 모습을 정리해보면 사마의는 항상 자신이 처한 위치에서 최선의 계책을 짜내는 역할에 충실했다고 하겠다. 수많은 변수가 생겨나고 예측이 거의 불가능한 판에 현실에 바탕을 둔 대책이라고 하면 자칫 창의성이 결여된 것처럼 보일 수도 있다. 그리고 그의 계책은 지나치게 섬세한 면이 엿보인다. 제갈량이 제시한 천하삼분지계니 파촉 정권 수립이니 하는 담대하고도 신천지를 답사하는 듯한 목표보다는 전체 속에서 이루어지는 작은 톱니바퀴 하나하나를 잘 꿰맞추는 듯한 느낌이 들 정도다.

요즘에 와서 제갈량보다 오히려 사마의의 현실감각이 참고할 만한 느낌을 주는 이유가 여기에 있다. 언제나 자기가 처한 여건이 좋을 수는 없다. 또 자신이 몸담은 조직 전체가 잘 굴러갈 수만은 없다. 모든 조건이 구비되어야만 움직이는 조직이나 사람은 변화에 취약하다. 하지만 주어진 조건에서 최선을 다하는 조직이나 사람은 항상 어려운 가운데서 움직이고 있는 것이다. 비록 남들에게 그 움직임이 뚜렷하게 보이지 않는다고 하더라도 멈춰 있는 사람과 움직이고 있는 사람의 차이는 매우 크다.

　시스템에는 실현 가능성 여부를 떠나 거창한 구호나 목표를 내세우는 이도 필요하겠으나 보통 사람의 몫에는 여건에 알맞은 실제적인 움직임과 작은 부분을 허투루 보지 않고 소중하게 꿰맞추는 일꾼의 능력이 오히려 효과적인 결과를 가져온다. 더구나 요즘같이 복잡다단하며 변화무쌍한 사회에서는 큰 그림 이상으로 작은 영역의 조심스러운 역할을 잘 수행하는 인물이 필요하다는 걸 안다면 능히 헤아려 수긍할 수 있는 일이 아닐까 생각한다.

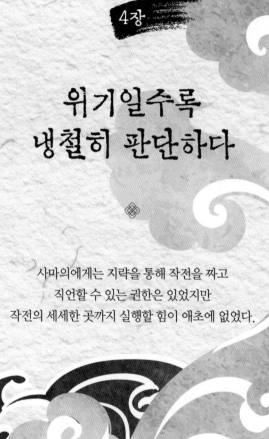

4장

위기일수록
냉철히 판단하다

사마의에게는 지략을 통해 작전을 짜고
직언할 수 있는 권한은 있었지만
작전의 세세한 곳까지 실행할 힘이 애초에 없었다.

岡 강
目 목
八 팔
目 목

라이벌이 라이벌을 키운다

사마의가 지혜의 화신으로 꼽히는 제갈량과 본격적인 라이벌 구도로 역사의 무대에 등장하는 것은 제갈량이 북벌을 계획하면서부터지만 이미 둘 사이에 맞수로서의 경쟁은 전개되고 있었다. 그렇다면 과연 사마의가 어떤 상황에서 어떤 스타일의 인물에 맞서 라이벌 구도를 형성하게 된 것인지 따져볼 필요가 있다.

제갈량이란 인물은 적어도 소설 『삼국지연의』에서만큼은 불세출의 기재奇才이자 신출귀몰하는 지략가로서 타의 추종을 불허하는 신적인 존재에 가깝다. 제갈량이 삼국지 무대에 등장하는 첫 이야기가 〈삼고초려〉인데 지극 정성을 다해 자신의 초막을 찾아온 유비를 앞에 두고 그는 도도히 천하삼분지계天下三分之計, 이른바 융중대책이라는 희대의 전략 구상을 내놓는다. 현실적으로 작은 성채 하나, 자기 기반이 없는 유비로서는 중원을 차지한 조조의 욱일승천하는 기세와 대적하기 어렵고, 장강의 험준한 곳에 자리 잡고 안정되게 3대를 지켜온 손권도 치기 어려우니 멀리 서쪽의 파촉 땅(오늘날의 쓰촨성)을 차지해서 힘을 길러 장차 천하를 도모하고자 한 계책이었다. 한마디로 현실적인 약자가 장래를 구상하기에는 허황될 정도겠지만 웅장하고 멋진 방안임에는 틀림없다.

역사적 진실은 이 융중대책에 대해 의문을 제기하지만, 아무튼 이 천하삼분지계 전략 구상은 『삼국지연의』 전체를 관통하며 시대를 이끌어간 불세출의 천재 출현을 예고한다. 소설에서 제갈량은 단숨에 유비의 전폭적인 지지를 받는 측근이 되어 박망파博望坡에서 첫 번째 전투를 하게 되는데, 하후돈의 10만 대군을 농락하듯 끌어들여 화공으로 격파한다. 이 역시 사실은 아니지만 소설에서의 제갈량은 한마디로 걸출하다 못해 천년에 한 번 나올까 말까 한 천재라는 찬사다.

마침내 천하 통일에 나선 조조의 백만 대군이 밀려오자, 제갈량은 38계의 주위상(走爲上: 일단 여의찮을 시에 달아나는 것이 최상의 선택이라는 서른여덟 번째 계책)을 선택해 후퇴 작전을 세우고 백성들을 모으며 남쪽으로 후퇴한다. 그리고 강동의 손권 진영과 연합하기 위한 계책을 마련한다.

그는 적벽대전에서 '화살 10만 개를 조조 진영으로부터 공짜로 얻는 꾀'라든지 '동지에 동남풍을 불게 하는 칠성단의 제사'라든지 손권 진영의 명참모이자 수군대도독인 주유가 멍청하게 보일 정도의 온갖 지략을 펼쳐 마침내 주군 유비를 형주의 주인으로 만들고 파촉까지 진출시켜 삼국 구도의 하나인 촉한 제국을 세운다.' 이로써 전략적 성공이자 누구도 따를 수 없는 전술의 백미를 구사하였고 천재 전략가의 출현으로 소설을 장식했다.

유비 진영은 제갈량이 건재하는 한 어떤 어려움도 극복하는 불패의 무적 집단으로 등장했다. 오늘로 비유하면 중소기업이 유능한 전문 경영인을 영입하여 순식간에 대

재벌로 성장한 것과 같다.

제갈량이 가담한 이후 유비군은 단 한 차례만 패배했을 뿐이었다. 이 전투가 관우의 복수전으로 야기된 오나라 침공 시의 이릉대전이다. 이 경우도 제갈량은 처음부터 원정에 반대했고, 그가 출전하지 않은 상황에서 이루어진 것이므로 적어도 패배의 책임에서 제갈량만큼은 자유로웠다. 그러니까 그때까지 삼국지 무대에 등장하는 인물 가운데 제갈량의 맞수는 누구도 없었던 것이다.

이제 사마의가 지혜 덩어리 제갈량의 맞수로 등장하게 된다. 신화처럼 미화된 제갈량에게 라이벌이 탄생한 것.

따라서 소설의 의도와 달리 사마의를 제대로 평가하기 위해서는 정사의 기록은 물론이고, 그 이면의 논리적 상상력이나 실제적 접근이 요구된다. 역사적으로 사마의에 대한 기록은 그리 많지 않은 편이다. 제갈량과 유비를 미화하느라 많은 내용이 변질되었기 때문이기도 하거니와 사마의에 대한 이미지가 별로 좋지 않았다는 것도 이유다. 그래서 더욱 냉정한 시각으로 살펴봐야 한다는 것이다.

오로 침공의 계책을 내놓다

사마의가 삼국지 무대에 책사의 모습보다 야전 지휘관으로 등장하는 시기는 조조와 유비, 관우, 장비 등 초기에 활약하던 인물들이 사라진 이후 제갈량이 촉한의 전권을 장악한 무렵과 맞물려 있다. 물론 이 두 사람은 나이에 큰 차이가 없었고, 출사한 시기도 비슷했으므로 언젠가 한 번은 격돌할 운명이었다.

사마의와 제갈량, 이 숙명적인 맞수가 본격적으로 맞붙기 시작한 것은 북벌 이전, 조비가 황제로 등극하고 유비 사후에 있었던 위제국이 오로군五路軍을 이용한 촉한 협공 전략을 세웠을 때이다. 수세守勢 쪽의 제갈량은 고심했으나 적절히 대응하여 위기를 넘겼다. 소설 『삼국지연의』에는 당시의 일을 이렇게 기록하고 있다.

촉한 황제 유비가 도원결의를 잊지 않고 의동생 관우의 복수전으로 시작한 강동 침공이 동오東吳의 육손이 펼친 화공火攻에 당해서 실패로 끝나고, 그 자신마저 백제성白帝城(이후 영안궁永安宮으로 개칭)에서 죽자 촉한은 2대 황제로 태자

유선劉禪을 즉위시키고, 제갈량이 승상으로서 익주목益州牧까지 겸임하여 촉한의 실질적인 동치를 남낭했다.

이 소식을 들은 위제魏帝(조비는 위왕으로 즉위한 후 곧 헌제를 내쫓고 제위에 올라 위왕국은 자연스럽게 위제국이 되었다) 조비가 어느 날 문무백관 앞에서 "서촉 땅에 주인이 바뀌고 혼란한 틈새가 보이니 이 기회에 우리가 군사를 일으켜 쳐들어가면 어떻겠느냐?"고 물었을 때, 군사를 담당하는 가후가 아직 시기상조일 뿐 지금은 군사를 성급히 움직여서는 안 된다고 말렸으나 사마의는 다른 의견을 계속 내놓았다.

"이 좋은 기회에 그들을 치지 않으면 언제 때가 오기를 기다린단 말이오. 하나 우리 중원의 위나라 군사만 일으켜서는 이기기가 쉽지 않습니다. 반드시 다섯 갈래의 침공군을 일으켜 사방에서 협공하고, 제갈량이 전후좌우를 동시에 막아내지 못해야만 이 일을 성공시킬 수 있습니다."

이 진언에 조비가 솔깃하여 침공군을 일으키는 방책을 물으니 사마의가 자세히 설명했다.

"국서國書를 써서 사자를 요동에 있는 선비국鮮卑國으로 보내 국왕 가비능軻比能을 만나 황금과 비단으로 회유하여 요서의 강병羌兵 10만 명을 출동시켜 먼저 서평관西平關을 들이치게 하는 것이 제1로―路 침공군입니다. 그다음은 사자를 남만南蠻으로 보내어 만왕 맹획孟獲에게 벼슬을 내리고 상을 주어 군사 10만 명을 일으키게 한 후에 파촉의 남쪽에 있는 4개 군을 격파하도록 하는 것이 제2로二路 침공군입니다. 다음은 서신을 동오로 보내 땅을 떼어 주고 우호를 다진 후 손권으로 하여금 군사 10만 명을 일으켜 파촉 땅의 동쪽 부성涪城을 취하도록 하는 것이 제3로三路 침공군입니다. 그리고 촉에서 항복해 온 맹달孟達로 하여금 상용 지방의 군사 10만 명을 동원하여 한중으로 진격시키는 것이 제4로四路 침공군입니다. 이렇게 한 후에 대장군 조진曹眞을 대도독으로 삼아 군사 10만 명을 거느리고 장안 땅을 경유하여 양평관陽平關으로 진격하여 촉 땅을 취하는 것이 제5로五路 침공군입니다. 이렇듯 50만 대군이 다섯 방향으로 일제히 쳐들어가면 제갈량이 여망呂望(주나라를 세운 전략가 강태공) 같은 재주를 지녔다 할지라도 어찌 막을 수 있겠습니까?"

조비는 크게 기뻐하며 네 사람의 언변 좋은 인물을 사자로 뽑아 서신을 주어 보내고 조진에게 위나라 10만 군사를 내주어 양평관으로 진격하게 했다.

이 작전이 촉한에 전해지자 성도의 문무백관 모두가 크게 놀랐다. 후주後主(유비가 숙은 후 그를 선주先主, 후계자인 2세 황제 유선을 후주라 했다)는 다급히 제갈량에게 입궐하라고 분부했다. 그러나 제갈량은 병을 핑계로 입궐하지 않았다. 이틀이 지나자 다급해진 후주 유선이 제갈량의 부중府中으로 달려가 오로군 침공에 대해 방비책을 물으니 그제야 마지못한 듯 제갈량이 속마음을 털어놓았다.

"1로군 가비능과 2로군 남만왕 맹획, 3로군 반역자 맹달, 5로군의 위나라 장수 조진 등 네 방면에 대해서는 이미 대책을 세웠습니다. 그러나 4로군의 손권에게는 양쪽 우의를 다질 만한 인물을 골라 사신으로 보낼 구상인데 아직 찾지 못하였습니다."

후주 유선이 그 방어 계책을 자세히 일러 달라고 부탁하니 제갈량이 계속 설명했다.

"1로군이 서평관으로 치러 오지만 마초馬超에게 맡기면 됩니다. 그의 부친 마등馬騰이 오랫동안 서량西凉에 근거지를 두었던 인연으로 마초는 강족에게 '신위천장군神威天將軍'으로 존경받고 있습니다. 그래서 이미 사람을 급히 마초에게 보내 서평관을 굳게 지키되 사방에 복병을 두고 매일 교대로 나가서 적병을 막으라 했으니 그 방면에는 걱정할 필요가 없습니다. 2로군의 경우 남쪽 4개 군으로 쳐들어오지만 위연魏延으로 하여금 군사가 많은 것처럼 허장성세를 보여 막으라고 했습니다. 남쪽 오랑캐들은 원래 용맹하지만 실은 의심이 많기 때문에 우리 군사가 많은 줄 알면 감히 공격해오지 못할 것입니다. 3로군의 맹달이 한중 땅으로 온다지만 그는 오래전부터 이엄李嚴과 친한 사이입니다. 신은 이미 이엄의 필적을 본떠 지은 서신 한 통을 사람을 시켜 맹달에게 보냈습니다. 맹달이 그 서신을 받아 본다면 병이 났다고 핑계 대고 군사를 움직이지 않을 것입니다. 따라서 그쪽도 염려하실 바 없습니다. 5로군의 조진이 양평관으로 오는 것도 이미 조자룡趙子龍을 보내어 군사를 거느리고 관소를 지키되 나가서 싸우지 말라고 명했습니다. 조진은 우리 군사가 나오지 않으면 오래 버티지 못하고 스스로 물러갈 것입니다. 이렇듯 네 개 방면은 염려하실 바 없으려니와 비밀리에 관흥關興(관우의 아들), 장포張苞(장비의 아들)에게 각각 군사 2만 명씩을 주어 여러 요충지에 가서 주둔하다가 상황을 살펴 필요에 따라 각 방면을 지원토록 조치해 두었습니다. 그런데 4로의 동오군은 쉽사리 우리에게 쳐들어 오지 않고 다른 방면의 진행 상황을 살필 것이 분명합니다. 이에 언변 좋은 인물을 보내 손권을 이해관계로 타이르면 동오가 군사를 물릴 테니 나머지 침공군에 대해서는 걱정할 바 없는 것이지요."

후주 유선은 그제야 안심하고 기쁜 얼굴로 미소 지으며 궁으로 돌아갔다.

사마의와 제갈량의 입장 차이

오로군을 이용한 촉한 침공 계책을 내놓은 사마의와 이를 무산시키려는 제갈량의 방책을 통해 결국에는 제갈량의 뛰어남을 한층 더 확인시킴으로써 소설을 읽는 독자들의 심중을 후련하게 해준다. 하지만 그때까지 제갈량에 비해 '등장하는 횟수나 분량'에 있어 거의 백분의 일에 불과한 사마의가 어떤 사정에 있었는지, 어떤 한계를 가지고 있었는지는 제대로 기술하지 않고 있다.

이 소설의 주인공은 분명 제갈량인지라 보조 역할 정

도의 사마의까지 제대로 기술해줄 리는 만무했고, 촉한 조정 내에서의 제갈량과 위나라 조정 안에서의 사마의, 두 사람의 입장이나 차지하고 있는 위치, 역할을 구체적으로 살펴볼 필요가 있다.

제갈량은 뛰어난 지략가이자 천하를 보는 안목이 남다르고 상대를 헤아리는 혜안慧眼이 출중함은 두말할 나위 없다. 아니 어떤 칭찬을 해도 부족할 지경이다. 우선 알아둘 것은 당시 촉한에서 누가 최고의 의사 결정권을 가진 진정한 권력자였는가 하는 것이다. 정사『삼국지』〈제갈량전〉을 보면 다음과 같은 이야기가 나온다.

유비는 조서詔書를 내려 후주 유선에게 말했다. "너는 승상 (제갈량)과 함께 국가를 다스리고 승상을 부친처럼 섬겨라."

이 유언에 따라 제갈량은 촉한의 모든 정사를 직접 처리했는데, 크고 작은 것을 가리지 않고 모두 그의 소관이었다. 제갈량은 인물 등용은 물론이려니와 각 전선에 보내는 장수 선정이나 군사의 배치, 외국에 사신을 보내는 일 등 모든 국내외적 처리 교섭 방법에 대해서까지 최고 권력자와 동일한 전권을 가지고 있었다.

사마의는 어떠했는가? 조조의 유탁遺託을 받은 중신이라고는 하지만 일차적으로 위나라 문무백관 가운데 한 사람일 뿐 입장을 달리하는 수많은 경쟁자이자 동료들에 대해 신경을 써야 했다. 오로군 침공 계책을 내놓기 직전 조비가 촉한을 치자고 했을 때도, 태위太尉(오늘의 국방부 장관에 해당) 벼슬의 가후가 '지금은 때가 아니다'라고 반대했다. 최종 결정권을 가진 황제 조비가 아무리 사마의의 의견을 받아들여 배려한다고 할지라도 다섯 군데 침공을 담당할 상대를 설득하고 대가를 베푸는 일에 있어 사신을 고르고 조건을 제시하는 부분에서는 사마의 마음대로 결정할 수 없었다.

제1로군의 선비국이나 제2로군의 남만병 등 변방의 작은 국가에서 10만이라는 대군을 일으키려면 국가 전체가 움직여야 할 정도로 큰일이었다. 적당한 설득과 대가로는 그들을 움직일 수 없는 일. 사마의에게는 지략을 통해 작전을 짜고 직언할 수 있는 권한은 있었지만 작전의 세세한 곳까지 실행할 힘이 애초에 없었다.

사마의에게는 계책만 있었고, 제갈량에게는 계책과 스

스로 집행할 권한이 있었다. 모든 방면에서 그랬다. 제갈량은 설령 국가 재정이 흔들릴 정도의 엄청난 낭비가 된다고 할지라도 정책으로 결정하여 집행할 권력이 있었고, 사마의는 군사 배치는커녕 군 조직의 소소한 낭비조차 결정할 수 없는 입장이었다.

개인과 개인의 기량을 비교할 때는 양측을 공평한 선상에 두고 비교해야 한다. 물론 제갈량이 뛰어난지 사마의가 뛰어난지 개인적인 면으로 경쟁을 붙일 필요도 없고 우위를 따질 필요도 없다. 제갈량은 제갈량 나름의 장점이 있고, 사마의는 사마의 나름의 장점이 있다. 그런데 한쪽에서는 장점과 한계를 갖지 않은 위치를 부각시키고 다른 한쪽에 대해서는 그 한계를 외면하면서 비교하거나 맞붙여놓고 얘기한다면 그건 불공정한 정도가 아니라 어불성설이라고 생각한다. 인간이기에 이들 모두 단점과 한계가 있다.

제갈량을 높이 띄우기 위해 불공정한 방식으로 우리가 본받을 만한 새로운 인물을 깎아내리는 건 의미가 없다는 말이다.

제갈량이나 사마의쯤 되는 지략가들은 모두 '상대의

털끝까지도 빈틈없이 살피고 이에 대응하는 날카로운 눈'을 갖고 있다. 그들의 전략에 대한 수준 면에서 어느 정도 우열이 있다고는 하겠으나 그리 큰 차이가 날까?

오랜 역사에서 실제 피 튀기는 현장의 전쟁이거나 장막 안에서 세우는 계책이거나 또는 국가 경영 정책의 수립과 실행이란 측면에서 볼 때 성패는 주어진 상황과 그 상황을 어떻게 이용하는가에 달려 있다. 예를 들어 대기업과 중소기업이 경쟁하게 되면 대기업이 이길 것이라 생각하지만 의외로 중소기업이 이기는 결과가 나오는 이유가 이런 사례에 해당하는 것이다. 권한을 얼마나 가진 실무자가 있느냐에 따라서 차이가 나는 것이지 배경을 도외시한 인물의 능력 차이는 아니라는 사실이다.

전권을 가진 대표가 직접 진두지휘하는 중소기업과 하나하나 결재받아 집행하는 대기업의 이사는 어떤 차이가 있을지를 염두에 두었으면 한다.

물론 소설에서 오로군은 사마의의 의도와는 달리 힘 한 번 제대로 못 써보고 제갈량의 작전대로 각개격파 당해 흐지부지된다.

제갈량이 쓴 유일한 모략전의 대상

제갈량은 오로군 침공 계책을 간단히 좌절시킨 후 직접 군사를 이끌고 남만에 원정하여 남만왕 맹획을 사로잡았다가 일부러 풀어주기를 반복한다. 공격해오면 또 사로잡고 풀어주기를 일곱 번이나 반복했다. 맹획은 자신이 어떤 수를 펼쳐도 제갈량을 이길 수 없음을 깨닫고 진심으로 항복한다. 이른바 칠종칠금七縱七擒의 고사다. 제갈량은 남만에서 북벌北伐(위나라를 쳐부수고 천하 통일을 이루려는 계획)에 필요한 상당한 자원을 마련한 후 성도로 귀환했다.

얼마 후 이번에는 위제국을 세운 조비가 죽고 어린 아들 조예曹叡가 즉위했다. 그가 명제明帝다. 이때 사마의는 표기대장군驃騎大將軍을 자원하여 서북 지방인 옹주雍州와 양주涼州 두 고을의 군사를 양성하는 야전 사령관으로 부임해 있었다.

옹양 땅이라고 부르는 그곳은 땅이 척박하고 문명과는 동떨어진 변방 지역으로 장안이나 낙양에서 근무하는 관리들에게는 거의 유배지나 다름없을 정도로 인기가 없었다. 하지만 정예군을 양성하기에는 최적의 장소였다. 사마의가 왜 그런 변방을 택해 마치 조정에서 은퇴하듯 물러섰을까? 오로군 실패처럼 조정에 앉아 탁상머리 공론이나 떠들면서 지내는 것보다 스스로 힘을 키워야겠다는 실제적 판단도 작용했을 것이다. 그리고 또 하나 염두에 두어야 할 것은 조금만 빈틈이 생기면 음해를 일삼고 정략이라는 무기를 휘두르는 것을 능사로 삼는 자들에게서 멀리 떨어지고 싶은 간절함도 있었을 것이다.

조조에 이어 조비까지 사망하면 사마의의 진가를 십분 이해하고 지지해주던 실질적인 지지기반이 없어지는 것이기에 권력투쟁이 일어나기 쉬운 조정에 있는 것보다 외곽에서 실질적으로 군사를 양성하며 군부에서 자신의 역할을 키우는 것이 낫다고 판단했을 가능성도 있다.

나중에 지적할 바지만 사마의가 바라보는 조정은 이미 조조시대에 풍기던 천하 통일의 의기를 잃었고, 조비시대로 이어지던 창업의 기개나 변화의 물결은 상당히 퇴색했다. 제국은 안정되었으나 기득권은 강고하게 확실히 자리 잡았고, 이를 바탕으로 가문이나 따지고 파벌을 이룬 권력 암투의 징후는 스멀스멀 일어나고 있었다.

사마의는 지금까지의 행동에서 보여준 것처럼 위제국의 중신 입장에서 최고의 전략을 짜내는 지략가임과 동시에 권력투쟁에 들어가 남을 제치고 권세를 장악하는 투쟁가가 아니라, 은인자중하며 스스로 내공을 쌓고 무난한 처신으로 자기 가문의 안위까지 챙기는 사람이다. 이런 점 때문에 화끈한 대접을 받지는 못했지만 오히려 인간적으로 느껴지기도 한다.

한편, 제갈량은 남만 원정을 성공리에 끝내고 귀국하여 그 자신이 계획한 건곤일척의 승부수, 북벌을 준비하다가 사마의가 옹양 땅에서 야전군을 양성하고 있다는 소식을 듣고 깜짝 놀랐다. 강력한 위군이 옹주, 양주 땅에 존재한다는 것은 북벌 자체에 중대한 변수가 될 것이 분명하기 때문이었다.

그리하여 제갈량은 우선 사마의를 거세해야만 북벌이 가능하다는 걸 절감하게 된다. 마속이 제안한 모략전을 전개하여 '사마의가 반역을 꾀한다'는 유언비어를 퍼트리고 간세(간첩)를 시켜 거짓 방문榜文을 낙양 거리 곳곳에 은밀히 붙여 놓는, 이른바 반간계가 여기서 일어난다. 거짓 방문을 붙여 사마의를 몰아내려는 내용은 소설『삼국지연의』에 다음과 같이 기록되어 있다.

표기대장군 총령 옹양(옹주와 양주) 땅 병마사 사마의는 신의로써 천하에 고한다. 옛날 태조 무황제武皇帝(조조)께서 나라를 세우시고 자건子建(조비의 아우 조식曹植)을 세워 이 나라 주인으로 삼으라 하셨으나, 불행히도 간특한 신하들이 중상모략해서 참다운 주인은 때를 만나지 못하고 오랫동안 숨어 계심이로다. 황손皇孫 조예는 원래 덕이 없건만 망령되이 황제의 위位에 앉았으니 이는 태조의 남기신 뜻을 저버림이라. 내 이제 하늘의 뜻에 따르고 백성이 바라는 바를 따라 날을 받아 군사를 일으키고 천하의 소원을 풀어주려 하노니 이 방문이 이르는 날에는 다 함께 새 황제를 절대 지지하라. 만일 따르지 않는 자가 있으면 그 일족까지 멸하리라. 우선 알리노니 삼가 명심하라.

이 방문이 낙양 거리 곳곳에 붙자 황제 조예가 대경실색하여 급히 문무 백관을 소집하고 상의했다.

소설 『삼국지연의』에서는 태위 벼슬의 화흠이 이 방문을 들어 대뜸 사마의를 거세하기 위해 음해하는 발언을 하는 장면이 나온다. 적장 제갈량의 의도에 말려 아군의 명장 사마의를 제거하라는 놀라운 건의를 하는 것이다. 기득권을 놓지 않으려 발버둥 치는 권력 세계에서 나타나는 전형적인 모습이다.

"지난날 태조 무황제께서 일찍이 신에게 말씀하시기를 '사마의는 독수리 눈이며 돌아볼 때는 늑대의 모습이니 결코 그에게 병권을 맡겨서는 안 된다. 그가 군사를 거느리면 언젠가는 나라에 큰 불행이 일어날 것'이라고 하셨습니다. 이제 그가 반역하는 싹수가 보이니 속히 파직시키고 죽여버리소서."

사도司徒 벼슬의 왕낭王朗까지 나서서 부추겼다.

"사마의는 병법에 매우 능통하고 군사 부리는 솜씨가 놀라우며 평소 엉뚱하게 큰 뜻을 품고 있으니 속히 없애버리지 않으면 후일에 큰 재앙이 되리라."

위제 조예는 조조나 조비와 달랐다. 웅지를 품은 통치자가 아니었고, 거친 야전은 전혀 경험해보지 못했다. 궁중에서 금지옥엽으로 태어나 세상 물정 모르고 성장한 인물이다. 천하정세에 대해 어느 정도는 느낄지 모르나 아직 풋내기다. 결국 조예는 화흠과 왕낭의 진언을 받아들여 사마의의 관직을 빼앗고 처벌하려고 했다. 이때 다행히 군사에 밝은 대장군 조진이 사마의를 두둔하고 나섰다.

"그리하시면 안 됩니다. 문황제文皇帝(조비)께서 신들 세 사람(조진, 진군, 사마의)을 불러 폐하를 보좌하도록 유언하신 것은 사마의에게 딴 뜻이 없다는 걸 아셨기 때문입니다. 더구나 거리에 붙은 방문이 진짜인지 가짜인지도 모르면서 사마의를 내친다는 것은 도리어 반란을 일으키라고 상대를 윽박지르는 것이나 다름없습니다. 뿐만 아니라 우리는 파촉이나 동오의 간특한 첩자들이 쓰는 반간계反間計에 걸려들어 임금과 신하 간에 혼란이 일어날지도 모르며, 그렇게 되면 적국이 틈을 노려 우리를 칠 것입니다. 깊이 살피소서."

결국 제갈량의 반간계가 무책임한 위나라 대신들에게 먹혀들어 사마의는 옹양 땅 군사 지휘권을 조휴에게 넘기고, 형주荊州와 예주豫州 지방의 업무를 관장하는 도독형예제군사都督荊豫諸軍事라는 한직으로 좌천되어 완성宛城(허난성 난양시)으로 내려가게 되니, 군사에 관한 한 완전히 실각한 것이나 다름없었다.

사마의가 옹양 땅에서 병권을 빼앗기고 쫓겨났다는 소

식을 전해 들은 제갈량은 크게 기뻐하며 그다음 날로 북벌에 나서겠다는 뜻을 밝힌 출사표를 후주 유선에게 바친다.

사마의가 거세당하자 곧바로 제갈량이 북벌의 뜻을 밝히고 출정에 나섰다는 사실은 그만큼 사마의가 적장으로서 위협적이었다는 점과 그의 군사적 능력이 범상치 않았다는 걸 보여준다.

어떤 시대나 적장이나 라이벌을 공식적으로 드러내 놓고 칭찬하는 경우는 드물다. 일찍이 조조는 최대의 군벌로 호언장담을 일삼던 원소를 두고 '결단력이 없다', 황제를 참칭한 원술에게는 '무덤 속의 해골', 심지어 유표나 손책孫策(손권의 형) 등에게도 '그렇고 그런 정도의 인물'로 평가 내릴 정도였다.

소설에 나오는 조조의 논영웅論英雄 일화를 보면, 조조가 하늘로 오르는 용의 형상을 보며 '영웅이란 좋은 계책을 가슴 속에 품고 사람으로 하여금 따르게 만드는 매력이 있어야 한다'고 설명하면서, 비록 떠보려 하는 것이기는 하지만 유비를 향해 '천하의 영웅은 그대와 나 두 사람뿐'이라고 했다.

이외에 위나라 관리들이 관우, 장비를 두고 '혼자서 만 명을 상대할 수 있는 맹장'으로 대접한 것이 거의 유일한 상대에 대한 존중이었다. 이 역시 소설『삼국지연의』에서 촉한의 인물들을 영웅으로 만들기 위해 적당히 꾸며 넣었을 가능성이 크다. 공식적으로 칭송받은 이들이 모두 유비 진영의 인물들뿐이었기 때문이다.

결국 불세출의 기재로 소설에 묘사되는 제갈량이 북벌전에 앞서 맞수를 염두에 두고 정정당당한 지략이 아니라 어찌 보면 치사하다고 볼 수 있는 모략전을 사용했다는 것은 사마의에 대한 일종의 칭찬이라고 할 수 있다. 그만큼 제갈량이 사마의가 군사를 거느리고 자기에게 맞선다는 것을 두려워했다는 해석이 가능하기 때문이다.

일찍이『손자병법孫子兵法』을 지은 손무孫武는 '전쟁이야말로 속임수'라고 지적했다. 제갈량이 모략전과 같은 속임수를 썼다는 것이 문제되는 건 아니다. 소설『삼국지연의』에서 신격화된 제갈량같이 대단한 인물이 웬만하면 모략이 아니라 지략 대결로 이겼다고 이야기를 만들었어야 정상적이지 않은가. 지략 대결을 통해 상대방을 물리친다는 설정은 너무나 사실성이 떨어진다고 생각한 것이 아닐는지…….

나관중이 『삼국지연의』를 집필할 당시만 하더라도 지금보다 사마의에 대한 많은 구전과 자료가 있었을 수 있다. 그 때문에 사마의를 완전히 무시해도 좋을 정도의 위나라 장수로 묘사할 수는 없었던 것이 아닐까 여겨지기도 한다.

위나라의 대안으로 떠오르다

제갈량의 북벌전은 처음부터 기대 이상으로 순조롭게 시작되었다. 그는 위나라 총사령관으로 나온 하후무夏侯楙(정서장군 하후연의 아들로, 조조의 딸 청하淸河공주의 남편인데 능력이 모자란 인물이었다)를 농락하고, 뒤를 이은 대도독 조진에게도 여러 차례 계책을 부려서 낭패하게 만든다. 연전연승을 거듭하는 제갈량의 북벌군 앞에서 위나라 조정은 초상집 분위기가 되어 설왕설래하는데 태부太傅(황제의 스승) 벼슬의 종요가 마침내 난국 타개의 비책으로 사마의의 복권을 아뢴다.

"무릇 장수된 자는 아는 것이 출중해야 적을 제압할 수 있나니 일찍이 손자가 이르기를 '상대를 알고 나를 알면 백 번 싸워도 위태롭지 않다'고 했습니다. 조진은 오랜 전투 경험이 있지만 제갈량을 상대할 만한 장수가 못 됩니다. 신이 천거하려는 사람은 지난번에 유언비어 때문에 폐하와 이간된 사마의입니다."

황제 조예는 그제야 지난날의 성급한 처사를 후회하고, 사마의를 평서도독平西都督으로 삼아 제갈량의 북벌군에 맞서게 하는 조칙을 내리고 칙사를 완성 땅으로 급히 보냈다.

이 무렵 사마의의 심중은 어떠했을까? 적군의 모략에 의해 군사 지휘권을 잃었고, 그동안 염려해왔던 것처럼 권력 암투에 희생되어 한직으로 좌천되었다가 이제 적군으로 궁지에 몰리니까 하는 수 없이 복권시켜 전투에 뛰어들라는 지시를 받았을 때, 많은 생각을 했을 것이 분명하다.

황제의 명이 내려졌으니까 무조건 나가서 싸우는 것이 마땅한 일이라고 여길 수도 있으나 그것은 지나친 해석이다. 그것은 가진 자들이 요구하는 달면 삼키고 쓰면 뱉는 태도이지 당사자의 입장에서는 얼마든지 고뇌하고 상황을 다시 살펴보는 것이 정상 아닌가.

자신이 처한 위치에서 최선을 다한다는 사마의의 오랜 원칙은 바뀌지 않았을 것이다. 다만 사마의는 위제국의 황제에게 바치는 충성만을 위해서 최선을 다하는 사람이 아니었다는 것을 상기할 필요가 있다. 자신이나 형제들, 가문의 내일을 위해서 최선을 다해야 하는 입장에서 볼 때 황제의 명령도 중요하겠으나 가문과 후대의 안위를 보다 치밀한 방도를 구상하고 훗날에 대비했을 가능성에 의심할 나위가 없다. 이 점은 오히려 사마의다운 모습이라고 하겠다.

조씨 3대에게 충성을 바쳤지만 모략 한 번에 좌천되는 현재의 상황과 이제 믿을 수 없는 조정에 대해 자구책을 염두에 두어야 하는 갖가지 고민이 사마의의 머릿속에서 복잡하게 얽히기 시작했을 터. 그는 태위 화음이나 사도 왕낭이 자신을 비난하고 죽여야 한다고 진언한 옛일까지 소상히 전해 듣고 있었을 것이다.

사마의는 조서를 받들었다. 그리고 완성 일대의 군사를 모아 정비했다. 그때 금성태수 신의申儀로부터 비밀리에 급보를 받게 된다. 상용上庸에서 군사를 거느리고 있는 맹달이 모반을 꾀한다는 보고였다. 항상 부친 곁에서 참모 역할을 하던 큰아들 사마사가 말했다.

"급히 천자께 상표문上表文을 보내어 이 일을 알리십시오."

사마의는 고개를 저었다.

"일단 보고하고 명령을 기다리자면 사람이 도읍까지 왕복하는 데 적어도 한 달은 걸릴 것이다. 그러고 나면 일은 걷잡을 수 없을 만큼 확대되고 만다."

사마의는 황제에게 알리기 전에 우선 군사를 이끌고 맹달을 진압하기 위해 상용성으로 직행할 뜻을 밝힌다.

여기서 사마의의 판단력과 결단력을 다시 살펴볼 필요가 있다. 역모를 꾀한다는 의심을 받고 자칫 목숨을 잃을 지경에 있다가 겨우 병권을 잃고 쫓겨났다. 만에 하나 맹달의 모반에 대한 조정의 지시를 기다리지 않고 서둘러 군사를 모아 상용성으로 진격했다가는 또다시 조정 대신들의 음해로 오해를 받을 가능성도 충분히 있다. 황제의 명령 없이 군사를 움직인다는 것 자체가 불충이라고 해석될 수 있고, 이미 반란의 누명을 쓴 적이 있었기 때문에 맹달과 내통하려 군사를 이끌고 움직였다는 누명을 한 번 더 쓸 수도 있다. 그렇다면 이번에는 누명이 아니라 이전의 일까지 모두 사실로 인정되어 사마의의 개인적인 처벌에 그치는 것이 아니라 멸문의 화를 입을지도 모를 엄청난 상황인 것이다.

장남 사마사의 말처럼 낙양의 조정에 먼저 보고하고 대처 방안에 대한 명을 받아 움직인다면 충분히 준비를 갖춘 맹달의 반란군이 어디까지 진격해올지 알 수는 없으나 그런 식으로 상황이 꼬인다고 해도 맹달의 반란 때문일 뿐이지 사마의에게 책임이 있는 것은 아니므로 어찌 되든 음해당하거나 처벌당할 일은 없다.

사마의의 결심대로 '선先 해결 후後 보고'로 결행하자면 위험을 감수해야 한다. 사마의는 왜 일신을 돌보지 않고 일생일대의 모험에 해당하는 과감한 결정을 했을까?

사마의는 함부로 모험하는 성격이 아니었다. 실현 가능성이 큰 쪽에 무게를 두고 일을 도모하면서도 과감한 선택보다는 돌다리도 두들겨 보고 건너는 식으로 일 처리를 해왔다. 이 일에서 사마의가 과연 어떤 사고방식을 가진 인물이며 어느 정도의 결단력과 현실을 직시하는 능력을 갖춘 인물인지 제대로 살펴볼 수 있다.

사마광은 이때의 상황에 대해 『자치통감』에 '실패한 제갈량'이라는 제목으로 기록했는데 그 내용 중 일부를 살펴보자.

봄 정월(명제 태화太和 2년, 무신년 228년)에 사마의가 신성新城 (호남성 방현)을 공격하였는데 16일 만에 그곳을 뽑아버리고 맹달을 참수하였다. 신의가 위흥魏興(섬서성 안강현)에 오래 있으면서 멋대로 승제承制(여기서 '제'란 황제의 명인데 황제가 일정한 범위 안에서 위임한 경우를 말한다. 정식으로 승제한 경우는 관직을 임명할 수 있지만 이 경우에는 '멋대로' 했다는 말이 있는 것으로 보아 정식 승제가 아니었다)하여 인장을 새기고 임시로 제수하는 일이 많았다. 사마의가 그를 잡아 낙양으로 보냈다.

맹달의 반란이 어떻게 해서 일어났는지 전후 사정은 다음 장에서 자세히 기술하겠다.

핵심을 간단히 정리해 볼 때, 맹달의 반란군이 지닌 폭발력과 사마의가 처한 입장 그리고 '선 해결 후 보고'의 결단이 지닌 무게가 요점이다.

이 무렵 제갈량의 촉한 북벌군은 위나라 서북 지역의 중심인 장안 방면을 공격 대상으로 하고 있었으며 남쪽의 손권은 호시탐탐 북진의 기회를 노리고 있었다. 그런데 남동 방향의 자국 내에서 변방을 수비하던 장군의 반란이 일어나고 그 군사들이 도읍인 낙양을 노려 진격한다면 자중지란에 빠진 위제국은 제대로 대응하지 못하고 멸망할지도 모르는 일이었다.

맹달은 원래 촉한 진영에서 넘어온 장수였다(그는 관우가 죽기 직전에 구원군을 요청했으나 이를 받아들이지 않았다가 관우가 죽자 구원하지 않은 일로 문책당할까 두려워 조비에게 귀순했다). 따라서 그의 휘하에는 원래부터 위나라에 대항했던 참모나 장수들이 있었다. 결국 촉한을 배반해서 관우를 죽게 했다는 죗값을 씻기 위해서라도 이번에는 죽기 살기로 낙양 공격에 애쓸 가능성이 높았다.

사마의는 일어나고 있던 모든 상황을 헤아렸을 것이다. 맹달의 반란을 낙양에 보고하고 하명을 받아 처리한다면 자신의 안위는 일시적으로 지킬 수 있겠으나 위나라 전체가 무너질 수 있다. 촉한에 위나라가 넘어간다면 제

갈량이 가장 껄끄럽게 여기는 사마의가 살아남을 가능성
은 없다.

그렇다면 어떤 결단을 내려야 할 것인가? 결국 사마의
는 자신의 안위와 나라의 안위를 모두 생각한다면 위험을
무릅쓰고라도 먼저 맹달의 반란부터 진압하는 것이 순서
일 수밖에 없었다.

사마의다운 최적의 선택이다. 그가 보여준 주도면밀한
계책이나 풍운을 몰고 오듯 신속하게 움직인 행동의 배경
에는 지혜롭다거나 능숙하다거나 하는 모습보다 오히려
안으로 갈무리하면서도 자신이 어떤 길을 가는 것이 최적
인가를 고뇌한 결과물로 보는 것이 적절하지 않을까?

최적은 쉽지 않겠지만 삶의 과정에서 우리가 생각하고
결국 선택하는 중요한 덕목이다. 어떤 세대에게는 통하지
않을지도 모르고 통한다고 해도 동일하지는 않을 것이나,
사회적으로 볼 때 오늘의 40~50대는 그야말로 중견 세대
위치에서 여러모로 생각하는 바가 많을 것이다. 더불어
살아가는 공동체의 안위도 중요하겠고 자기 영역에서의
가치 있는 모든 것의 존립과 내일을 기약하는 조심스러운
자세도 중요한 일이다. 흔히 말하는 적당한 태도로 대처

하거나 현실의 무거움 탓으로 돌리고 뭉개면서 엉거주춤 하는 것도 쉬운 일은 아니다.

따라서 선택이란 책임이기도 하지만 의무이기도 하다. 또 권리이기도 하다. 어떤 결정을 할 때 최적주의자 사마의처럼 중견 세대로서 마땅히 해야 할 바는, 거창한 이유로 또는 신변을 이유로 쩨쩨한 결정을 내릴 수 있다. 중요한 것은 적절한 판단이다. 그렇다면 판단의 기준은 무엇인가? 문제는 기준이 불투명하거나 없는 것이지, 있다면 거기에 맞추는 것이 최선 아닐까? 최적이란 어쩌면 스스로 판단할 때 가장 자기다운 선택의 다른 표현일지도 모른다. 사마의가 전해주는 최적주의 응원가의 구절은 '냉철하게 대응하라. 위기일수록 결코 감정에 흔들리지 말고'가 아닐까 싶다. 선택의 순간 결단의 가치는 다른 누구도 아닌, 자기만이 아는 것이라는 말도 재삼재사 신중히 되새겼으면 한다.

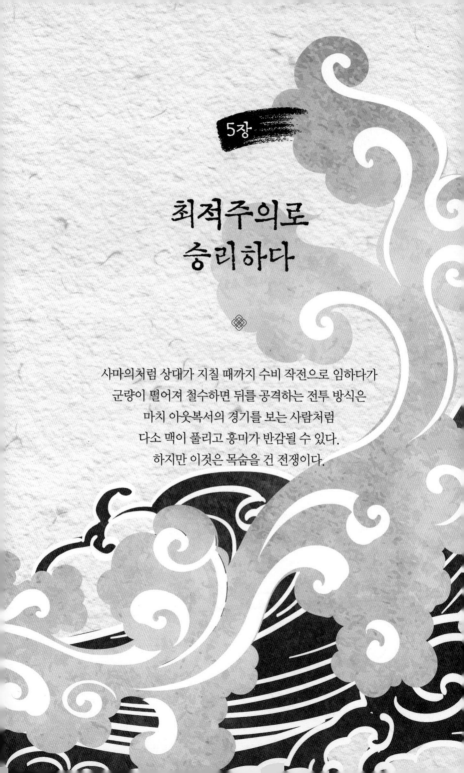

5장

최적주의로
승리하다

사마의처럼 상대가 지칠 때까지 수비 작전으로 임하다가
군량이 떨어져 철수하면 뒤를 공격하는 전투 방식은
마치 아웃복서의 경기를 보는 사람처럼
다소 맥이 풀리고 흥미가 반감될 수 있다.
하지만 이것은 목숨을 건 전쟁이다.

笑 소
裏 리
藏 장
刀 도

냉철하게 자신의 앞날을 계산하다

사마의가 낙향해 있다가 궁지에 몰린 위제 조예의 복
귀 조서를 받고 촉한의 북벌군을 저지하기 위해 나서기
전까지, 제갈량이 전개한 북벌전 상황을 역사서 『삼국지』
〈제갈량전〉에서는 소설 『삼국지연의』의 내용과 달리 다
음과 같이 기술하고 있다.

서기 228년 봄, 제갈량은 야곡도斜谷道에서 나와 미현郿縣을
탈취하고 조자룡과 등지鄧芝를 보내 의군疑軍으로 삼아 기

곡箕谷에 진을 쳤다. 위의 대장군 조진은 군사를 풀어 대항했다. 제갈량 자신은 병력을 이끌고 기산祁山 방면으로 진출했는데, 촉의 군진軍陣이 정연했고, 상벌이 엄격하며 호령이 분명했다. 남안南安·천수天水·안정安定 세 군이 위를 배반하고 제갈량에 호응하니 이 지역 일대가 크게 진동했다. 위제 조예는 장안으로 달려가 군사를 모으는 한편 장합에게 제갈량을 막도록 했다. 제갈량은 이에 마속馬謖으로 하여금 선봉장으로 나아가 가정街亭에서 장합과 싸우도록 했다. 이때 마속은 제갈량의 명을 어기고 제멋대로 싸우다 끝내 장합에게 포위당해 패했다. 이 가정에서의 작전 실패로 제갈량은 더 이상 진격하지 못한 채 서현西縣의 천여 가구를 이주시키고 한중으로 돌아와 마속을 군령으로 처형(읍참마속)한 후에 병사들에게 사죄했다. 이때의 일을 상소문으로 고했다.

"신은 직접 병사를 인솔하여 출정했으나, 삼군을 격려하고 법규를 훈도할 수 없었고 대사에 임하여 신중할 수 없었으며 가정에서는 명령을 위반하는 과오를 범하고 기곡에서는 경계하지 못한 실책을 범하게 되었습니다. 그 허물은 오로지 신이 사람을 부당하게 쓴 데 있습니다. 신이 명철하게 사람을 알아보지 못하고 일을 처리함에 있어 어두운 면이 많습니다. 청컨대, 스스로 지위를 3등급 깎아 그 책임을 지게 해 주십시오."

제갈량은 이렇게 해서 우장군右將軍이 되었으나 실질적으로 승상의 직무를 대행하는 형식을 취해 예전과 다름없이 모든 일을 전결했다. 그해 겨울 군사를 이끌고 산관散關으로 나아가 진창陳倉을 포위했는데, 위나라 조진이 길을 막았고 촉군은 공방전이 길어지자 끝내 군량이 떨어져 후퇴했다. 그때 위나라 장수 왕쌍王雙이 기병을 이끌고 추격해 왔으나, 제갈량은 왕쌍의 목을 베고 기병대를 격파했다.

이듬해(서기 229년) 제갈량은 진식陳式을 파견하여 무도武都·음평陰平을 공격하여 성공적으로 평정했다. 이때 위나라 옹주자사雍州刺史 곽회郭淮가 군사를 이끌고 왔으나 제갈량에게 패하여 퇴각했다.

다시 이듬해(서기 230년) 재차 기산으로 출격하였으며 목우木牛를 이용하여 군수물자를 운반했는데 식량이 떨어져 퇴각했다. 이때 장합이 추격했으나 활로 쏴 죽였고 위군은 대패하여 도망쳤다.

하후무의 뒤를 이은 북벌 대응 위나라 총사령관은 조진이었다. 그런데 소설『삼국지연의』에서는 마속이 군법을 어겼다는 가정 전투에서 엉뚱하게 전혀 상관없는 사마의를 등장시키고, 서현에서 제갈량의 몇천 명 군사가 공성계로 사마의의 15만 군을 물리친 것처럼 꾸미고 있다.

우선 공성계의 배경과 시간적인 여건부터 살펴보자면, 제갈량의 군대가 대륙의 서쪽 변방인 양평陽平에 주둔하여 위나라를 치고 있을 때 위나라의 총사령관은 조진이었고, 이 무렵 실각한 처지의 사마의는 형주와 양양을 감독하는 벼슬을 맡아 남쪽인 완성宛城에 있었다. 두 곳의 거리는 직선상으로 1천 리가 훨씬 넘을뿐더러 당시 가장 빠른 교통수단인 기마부대로 밤낮없이 달려도 보름 이상은 족히 걸릴 만큼 떨어져 있었다. 오죽하면『삼국지』의 주석을 단 배송지도 이 점만큼은 지나친 꾸밈으로 성토하고 있을 정도다.

그런데 삼국시대 관련된 극劇(연극)은 '실공참失空斬(失: 마속이 제갈량의 지시를 따르지 않아 가정을 잃은 것, 空: 소수의 병사로 사마의의 대군을 쫓아버릴 때 공성계를 썼던 것, 斬: 패전 이유를 제공한 마속을 울면서 참수한 것)'이라 하여

세 가지 이야기를 그럴 듯하게 각색하여 공연하는데 제갈
량의 빛나는 성과를 찬양하고 잘못한 점은 부하를 잘못
둔 안타까움으로 표현해 민중의 동정과 찬사를 끌어내고
있다.

이에 대한 배송지의 주석을 살펴보자.

그런 주장(공성계)의 상황을 의심 없이 받아들인다 해도 당
시 사마의가 20만 가까운 군사를 거느리고 있었고 제갈량
의 군대는 1만 명이 안 되었다. 설령 사마의가 복병을 의심
하여 성내 진입을 주저했다 할지라도 후퇴할 필요가 없었
다. 오히려 대비를 갖추고 작은 성채였으므로 전군을 동원,
사방을 포위하여 상대를 곤경에 몰아넣으려 했을 텐데 어
찌 아무런 시도조차 안 해 보고 서둘러 겁을 먹고 도주한단
말인가.

『삼국지연의』를 보면 제갈량이 성루에 혼자 앉아 시
동 둘을 옆에 두고 사마의의 자존심을 긁어 도발을 유도
하듯이 만면에 웃음을 띠고 악기(금)를 연주했다고 되어
있는데 그 당시 석궁이라는 장거리 요격용 활이 있었으므

로 위나라 군사가 성내 진입은 주저할지라도 궁수를 파견하여 충분히 저격할 수 있는 상황이었다. 신중하기를 따지면 소설에 등장하는 장수들 가운데 제일인자로 꼽을 수 있는 사람이 바로 사마의다. 그러니까 사마의가 완성에 있지 않고 투입되어 제갈량의 공성계를 맞았다고 가정할지라도 서성의 작은 성채를 포위하거나 적당한 거리에 포진하여 촉한군의 동태를 면밀히 파악한 후에 행동했으리라 여기는 것이 상식적으로 합당하다.

수많은 『삼국지』 연구가들이 '제갈량을 지나치게 미화하다 보니 터무니없는 일까지 꾸며댔다'고 지적하는 공성계는 그래서 전혀 역사적 사실이 아닌 것으로 결론지어졌다. 지리적 여건이나 당시 상황이 그랬던 것이다.

이외에도 공성계에 대해서 재미있는 해석이 있다. 물론 역사적 사실은 아니지만 만약 소설처럼 수십만 군대를 거느린 사마의가 작은 성채에서 1만도 안 되는 수비군으로 버티는 제갈량이 이런 계책을 벌인 것을 목도했다면 과연 어떻게 했을 것인가 하는 가정에서의 해석이다.

사마의는 분명 공격하기보다는 물러섰을 것이다. 왜 그랬을까?

그가 당황할 정도로 아둔해서 그랬을 리는 없고 그의 물러섬 뒤에는 누구도 예상하기 어려운 심모원려深謀遠慮가 숨어 있었다고 보는 것이다. 제갈량의 공성계에 맞서는 사마의의 심모원려는 무엇일까? 이는 사마의가 제갈량의 북벌전에 맞서 위나라 대장군으로 출동할 때까지의 과정을 살펴보면 더욱 분명해진다.

① 조비가 죽은 후, 사마의는 조정에서 고위 벼슬로 평안하게 살지 않고 자진해서 변방인 옹양 땅으로 내려가 병사를 길렀다. 이때 사마의가 장래 촉한의 북벌전을 예상했다고 보기는 어려우나 적어도 천하 통일을 위해서는 강력한 야전군이 필요하다는 판단이 작용했을 것이고, 동시에 정치적 음모가 난무하는 조정을 떠나 있고 싶어 했을 수도 있다. 동시에 사마의의 성격상 병권을 쥐어야만 자신의 안전을 도모하고 일족의 번영을 확실히 담보할 수 있다고 판단했을 것이다.

② 그런데 어느 날 적군의 반간계가 먹히는 상황이 발생했다. 제갈량이 작성한 거짓 방문이 낙양의 거리에 나붙자 위나라 조정은 진위를 가리려는 노력보다는 사마의가 위험 분자라는 식으로 아예 거세하고자 했다. 그동안

조조와 조비를 함께 모셨던 화흠이나 왕낭 등은 모함까지 서슴지 않았다. 다행히 조진의 변호 덕분에 겨우 목숨을 구하고 좌천이나 다름없는 후방의 예비군이 되고 말았다. 이때 사마의는 무엇을 생각했을까? 전선에서 들려오는 우울한 소식에 한탄했다고 하지만 자신의 진심을 이해하지 못하는 조정이나 어제까지의 동료를 모함하는 조정 대신들에게 싸늘한 시선을 보냈을 것은 자명해 보인다.

③ 마침내 복권되어 전선으로 갈 수 있게 되었다. 그때 서남쪽 변방을 지키는 맹달의 모반 첩보를 입수했다. 분명 낙양의 천자에게 이를 보고하고 지시를 받아 움직이는 것이 당연하지만 시간상으로 볼 때 그것은 상책이 아니었다. 만일 미리 보고하지 않고 움직였다가 잘못되면 사마의는 예전에 받은 의심에 더해서 불충 죄나 심지어 황제 능멸 죄로 처형되거나 멸족을 당할 수도 있는 상황이었다. 사마의는 고민 끝에 위험을 무릅쓰고 '선 처리 후 보고'라는 결단을 내리고 진격하여 맹달을 제압했다.

④ 그러고 나서 북벌전에 뛰어들었다. 조진의 후임인데 그는 이미 병석에 누워 있는 신세다. 지금 조정에 사마의를 옹호해줄 대신은 없다고 볼 수 있다. 이런 판국에 제

갈량을 제압하고 승전가를 부르며 귀국할 기회가 왔다. 한마디로 국난을 말끔히 씻을 수 있었다. 사마의는 재빠르게 머리를 굴렸을 것이다.

'여기서 제갈량을 완벽히 제압하면……' 자신은 일시적으로 국난을 해결한 승전 장군으로 칭송을 받을 것이지만 얼마 지나지 않아 지나친 인기가 토사구팽의 대상으로 전락할 위험을 가져올 게 확실하다. 역사적으로 승전 장군의 말로는 '사냥할 토끼가 사라지면 사냥개는 삶아 먹히게' 되어 있다.

⑤ 사마의는 처음부터 제갈량을 그리 높이 평가하지 않고 있었다. 나중에 제갈량을 '천고의 기재'라고 높이 칭송했지만 그건 어디까지나 수사에 불과했다. 따라서 사마의 입장에서는 제갈량이라는 적을 살려 두어야만 자신의 지위가 보장되고 안위가 확실해진다. 얼마만큼 제갈량과 다툴 수 있는 시간을 버는 것이 좋은지는 확실히 모르겠으나 제갈량의 촉한군이 계속 서북 변경을 괴롭혀야만 사마의의 존재가 절실히 필요하고 조정으로부터 신임과 동시에 수많은 병사들로부터 존경을 받을 수 있게 된다. 그렇다면 제갈량이 펼치는 공성계를 못 이기는 척 받아들여

물러서는 것이 당연한 선택이 아닌가.

사마의는 이런 종합적인 판단 끝에 마치 겁에 질린듯 서둘러 병사들에게 후퇴하라고 명령하면서 공성계의 제물이 되었다.

자신에게 치명적이지 않은 한도 내에서 얼마든지 제갈량의 활동 영역을 만들어 주고 그의 명성에 기대어 자신의 안위를 지키겠다는 의도였다. 나중에 떠돈 '죽은 공명(제갈량)이 산 중달(사마의)을 쫓아버렸다'는 소문의 진원지 역시 사마의 자신이었음을 감안해보면 이런 해석은 흥미 이상의 설득력이 있다.

다시 북벌전 현장으로 되돌아가보자. 제갈량의 북벌 전반부에서 촉한군에 대항한 위군의 총사령관은 하후무, 조진이었다. 왕쌍과 장합은 이후에 전사했고, 곽회는 패하여 후퇴했으며, 5개 군이 위나라에 등을 돌리거나 제갈량에 의해 점령되는 등 위나라 조정은 상당 기간 크게 당황하여 어쩔 줄 모르는 지경이 되었다. 다만 제갈량의 원정군에 군량이 부족해서 양군이 일진일퇴를 거듭하고 있었을 뿐이었다.

사마의는 완성에 있으면서 거듭되는 우울한 소식과 위나라 장수들의 죽음에 대해 안타까워하고 있었다. 그는 종종 먼 하늘을 올려보며 탄식했다고 한다.

큰아들 사마사(자는 자원子元), 둘째 아들 사마소司馬昭(자는 자상子尙), 이 두 아들은 영특하고 병법에 밝아 사마의가 탄식할 때마다 부친의 처지를 함께 고통스러워했다. 아마 위군의 연이은 패전에도 불구하고 군사적으로 유능한 자신들의 부친을 발탁해주지 않는 위나라 황제나 조정의 처사에 대해 어느 정도는 강렬한 울분을 느꼈으리라.

위나라 입장에서는 제갈량 북벌군의 연이은 승리에도 불구하고 결정적인 순간에 식량 부족으로 장안의 서쪽 일대를 평정하지 못하고 번번이 후퇴했으니 다행이라고 하겠으나, 전체적으로 보면 제갈량의 북벌전은 촉한의 입장에서 보면 승리라고 하기에는 부족했고 절반 정도의 성과를 올리고 있었다.

이 무렵 맹달이 귀순하여 예전의 죗값을 씻겠다고 한 사건은 제갈량에게 결정적인 희소식이었다. 영안궁(백제성)을 지키고 있던 이엄(그는 유비의 유탁을 받은 중신으로 평소 맹달과 친했다)이 아들 이풍李豊을 한중의 제갈량에게 보내 '예전에 배반하고 위나라로 투항했던 상용성의 맹달이 과거의 잘못을 씻기 위해 병사를 이끌고 낙양을 칠 테니 승상은 장안을 쳐서 북벌을 성공시키자'는 전갈을 전달했다.

제갈량은 뛸 듯이 크게 기뻐하며 이풍과 맹달의 사자에게 상을 내리기도 했다.

사실 맹달이 과거의 잘못을 씻기 위해 복귀하면서 낙양 기습을 내건 일은 그야말로 삼국의 판도를 일거에 바꿀 정도의 위력을 가진 사건이었다. 맹달의 낙양 기습이 성공하지 못한다고 할지라도 맹달이 군사를 이끌고 위제국의 심장부를 공격한다면 위제국은 순식간에 혼란에 빠지게 될 테고, 제갈량이 시도한 북벌의 꿈은 어렵지 않게 완성될 수 있었을 것이다. 그런데 제갈량은 기뻐하면서 한편으로 사마의라는 인물을 두려워했다.

그때 제갈량은 좌우 참모들에게 이런 말을 했다.

"걱정되는 일이 있는데 그것은 사마의다. 이제 맹달이 큰일을 일으키는데 혹 사마의와 서로 대적하는 날에는 반드시 실패하고 만다. 맹달은 결코 사마의의 적수가 되지 못하니 그렇게 되면 사로잡힐 것이며 맹달이 죽으면 우리가 중원을 얻기는 어려운 노릇이다."

제갈량은 이렇게 말하고 나서 맹달에게 서찰을 보내 혹시 있을지도 모르는 사마의의 행동에 대비하도록 했다 (이때까지 사마의는 군권을 되찾지 못했다). 제갈량은 서찰 말미에 '결코 상대를 가볍게 보지 말라'고 신신당부했다. 얼마 후 이번에는 맹달에게서 답신이 왔다. 그 서신에는 이렇게 적혀 있었다.

"사마의가 온다 한들 충분히 준비할 시간이 있으니 추호도 두려워할 것이 없습니다. 승상께서는 안심하시고 다만 승리의 보고만 기다리십시오."

제갈량은 이 글을 읽고 순간 얼굴색이 변하더니 맹달이 보낸 답신을 땅바닥에 내동댕이치며 발을 굴렀다.

"아! 맹달은 반드시 사마의의 손에 죽겠구나."

앞에서 살펴본 바와 같이 평서도독에 봉한다는 황제의 조서를 받들고 서둘러 사방의 군사를 모아 정비하고 있다가 맹달의 모반 소식을 듣게 되었다. 사마의는 낙양으로 사자를 급파하여 사건 전말을 보고하도록 조치하고 자신은 우선 주위의 군사를 거느리고 맹달이 있는 상용성으로 직행하여 제압하기로 결정했다.

그는 휘하 군사들에게 이틀 걸리는 길을 하루에 주파하도록 명하면서 뒤에 치지는 자는 참수형으로 다스리겠다는 엄명을 내리고 주야로 달려갔다. 마침내 상용성에 도착하여 맹달을 잡아 반란을 진압하고 조정에 고하니, 위제 조예는 크게 기뻐하면서 사마의의 결단력과 신속한 대처에 대해 과공할 정도로 칭찬했다.

"이후에도 기밀에 관한 일이 생기거든 짐에게 아뢸 것 없이 형편에 따라 행동하라"는 특명과 함께 황금으로 만든 부월斧鉞 한 쌍을 하사하기도 했다.

공성계에 대한 부분과 맹달의 반란 진압은 시간적으로 보면 맹달의 사건이 먼저다. 이 점을 뒤바꿔 설명한 까닭은 사마의에 대한 소설의 폄훼가 그렇게 심했다는 걸 말하고자 한 것이며, 맹달의 사건에서 보듯 제갈량은 처음부터 사마의라는 존재에 대해 깊은 경계심과 그의 능력에 대해 높이 평가했다는 점을 우선 분명히 하고 나서 사마의의 활약상을 설명하고자 하는 까닭이었다.

제갈량과 정면 승부를 펼치다

네 차례에 걸친 북벌이 진행되는 동안 제갈량이 기대 이상의 성과를 올리기도 했으나, 촉한의 내부 사정은 꽤 피폐해지고 있었다. 하지만 제갈량은 뜻을 굽히지 않고 오로지 북벌전에 매달렸다. 그 이유는 전쟁을 포기하고 파촉 땅을 지킨다고 할지라도 결국에는 국력이 압도적인 위나라에 굴복하게 될 뿐 미래가 보이지 않았기 때문이었다.

제갈량은 자신이 살아생전에 어떻게든 위나라로 진격하여 촉한의 입지를 넓히고 유리한 국면을 만들려 했다. 설혹 북벌에 실패할지라도 위·촉·오 삼국의 장래 구도는 달라질 것이 없다고 여겼음이 확실해 보인다.

다행히 서기 230년 8월에 있었던 위나라 대장군 조진의 공세를 막아내면서 위연이 곽회의 병력을 격파하자, 어느 정도 자신감을 얻은 제갈량은 서기 231년 2월 다시 기산으로 출격했다. 보급 수송을 위해 개발해 온 목우(소 모양을 흉내 낸 일종의 수레일 것으로 추정되고 있다)가 등장한 것이 이때의 일이다. 처음에 제갈량의 촉한군은 식량

보급을 제대로 받지 못해 고전했으나 상규 방면에서 위군을 격파하고 현지에서 충분한 군량을 확보할 수 있었다.

이 무렵 사마의가 이끄는 위군이 전선에 투입되었고, 처음으로 제갈량의 촉한군과 격돌했다. 촉한군은 밀려나 결국 기산으로 퇴각했고 이때 추격하던 위나라 장수 장합을 활로 쏘아 죽였다. 이를 제5차 북벌전이라고 한다. 촉한군은 처음에는 잘 싸웠으나 새로 총사령관이 된 사마의가 펼친 수비 위주의 고사 작전에 휘말려 후퇴할 수밖에 없었다.

소설과 달리 정사 『삼국지』의 기록은 제갈량과 사마의의 첫 전투인 기산 전투에서 사마의가 수비 작전으로 시일을 끌다가 공격하여 승리한 것으로 나온다.

기산 전투에서 사마의에게 패배한 제갈량은 귀국한 후 재차 병사를 기르고 군량 증산을 실시하여 촉한군의 약점을 보완하기를 3년 동안 진행했다.

서기 234년, 마침내 그동안 양성한 10만에 이르는 대병력을 거느리고 제갈량은 최후의 북벌에 나선다. 이때 목우에 이어 유마流馬(말 모양의 수레로 추정)가 등장하여 보급 수송을 담당하는데, 촉한군 목표는 그동안 집요하게 노렸던 기산이 아니라 장안이었다.

제갈량은 처음부터 고집스럽게 기산을 목표로 했는데 어찌하여 이번에는 장안으로 바꾼 것일까? 한마디로 사마의가 수비 위주의 시간 끌기를 하다가 촉한군의 군량이 떨어질 때쯤 공세적으로 전환하는 작전을 쓰기 때문이었다.

사마의는 재차 위군의 총사령관이 되어 역시 10만 대군을 거느리고 나와서 위수의 남쪽에 영채를 세웠다. 물론 같은 10만 명이라고 해도 원정하는 촉한군에는 보급이나 취사 등을 담당하는 인력이 많을 수밖에 없었다. 그리고 위군 쪽 병력은 대부분 전투 병력이었으므로 실제 싸울 수 있는 병력에 있어서 사마의 쪽이 우세였다. 제갈량은 두 갈래 방향에서 진격을 고민하다가 위수 남쪽의 구릉지대인 오장원五丈原으로 병력을 이동시키고 장기전 준비에 들어갔다.

자국의 영토 내에서 수비하는 입장인 사마의가 선택할 작전은 군량 봉쇄를 통한 고사枯死 작전일 것이 불 보듯 뻔한데, 촉한군이 장기전 준비를 하는 것은 무모해 보이기도 했으나 제갈량은 믿는 구석이 있었다. 오장원에서 둔전하며 식량 문제를 해결하는 동안 약속한 대로 손권군이 남쪽에서 북진하여 위군 전력을 분산시키기를 기대한 것이다. 적벽대전 이후 26년 만에 다시 이루어진 촉과 동오의 연합작전이었다.

『삼국지』〈오서吳書, 주연전朱然傳〉에 '촉한과 동오가 기일을 맞추어 군사를 일으키기로 했다'는 구절이 나오는데, 실제로 손권군이 위나라 남쪽 접경지대에 나타난 것은 예정한 시일보다 늦은 5월이었다. 촉한군이 오장원으로 움직인 것이 그해 3월이니까 대략 2개월 정도의 차이가 났다. 이미 촉한군의 기세는 사마의의 철저한 수비 작전에 말려 큰 힘을 쓸 수 없는 상황이 되어 있었으므로 손권군의 북진은 제갈량이 의도한 위군 분산이라는 기대에 미칠 수 없었다.

이 무렵 사마의는 승리를 장담하면서 아우 사마부司馬孚에게 서신을 보냈다.

공명은 큰 뜻을 품었지만 기회를 보는 눈이 없고, 모략에는 뛰어나지만 결단력이 부족하며, 전투는 즐기지만 임기응변의 능력이 없다. 지금 10만 대군을 거느리고 출병했지만 이

미 나의 계책에 빠진 상태다. 머지않아 그는 패해 물러가게

될 것이다.晉書

소설에서는 이때 호로곡葫蘆谷이라는 가상무대를 만들

어 또다시 제갈량의 능력을 미화시키려 한다. 호로곡이라

는 골짜기로 사마의를 유인하여 죽이려는 마지막 꾀를 쓴

곳으로 묘사되어 있다.

소설『삼국지연의』(제 103회)에 나오는, 오장원에 거

점을 마련한 제갈량이 상방곡에 함정을 파 놓고 사마의

를 유인하여 화공火攻으로 죽이기 직전 갑자기 쏟아진 소

낙비 때문에 실패하게 되었다는 이른바 '호로곡의 비사'

가 바로 그것이다. 이 이야기는 사실 여부를 떠나 제갈량이

꾸민 최후의 계책이었고, '모사재인성사재천謀事在人成事在天

(일을 꾸미는 것은 사람이지만 그 일이 이루어지는 것은 하늘

에 달려있다)'이라는 고사와 더불어 유명해졌으나 역시 사

실이 아니라 흥미를 끌기 위한 소설의 꾸밈으로 지적되고

있다.

소설『삼국지연의』에서의 이야기는 다음과 같이 전개

된다.

제갈량은 위나라 대장 사마의가 몇 번의 접전 이후에 아예 영채문을 굳게 닫고 오로지 수비 작전에 치중하려 하자 부장 마대馬岱를 불러 명했다.

"그대는 상방곡에 목책을 둘러치고 영채 안에 참호를 깊이 파서 마른 장작과 화약을 많이 쌓아라. 주위의 산 위에는 장작과 풀로 가짜 오막살이집을 잇달아 짓고 안팎으로 지뢰를 묻은 뒤에 기다려라. 그리고 나서 호로곡의 뒷길을 끊고 산골짜기 어귀에 군사를 매복시키고 있다가 사마의가 뒤쫓아 오거든 산골짜기로 들어가도록 내버려 두고 지뢰와 장작에 일제히 불을 질러라. 그리고 군사들을 시켜 낮에는 산골짜기 어귀에 북두칠성을 그린 기를 올리고 밤에는 그 대신 산 위에 일곱 개의 등불을 밝혀 신호하여라."

그리고 나서 제갈량은 반골 기질이 있어 평소 탐탁지 않게 여기던 위연을 불러서는 어떻게 하든 사마의를 유인하여 계곡 안으로 끌어들이라고 지시했다. 이는 촉한군이 장기전으로 가기 위해 상방곡에다 군량과 마초를 모두 쌓아 놓고 있다는 거짓 정보를 흘린 후, 거짓 정보에 속아서 사마의가 전군을 휘몰고 이곳을 공격해오면, 계곡 안으로 끌어들인 후 입구를 막고 불을 질러 사마의와 위연을 한꺼번에 태워 죽이겠다는 엄청난 계획이었다.

마침내 사마의와 두 아들이 이 계책에 걸려들어 호로곡 안으로 들어갔다. 마대는 입구를 막은 후 불로 공격했고 사마의 부자는 병사들과 함께 타 죽기 일보 직전이었다. 뜻밖에도 소낙비가 쏟아져 땅바닥 곳곳에 묻어둔 지뢰는 폭발하지 않았고, 그 사이 사마의 부자는 구사일생으로 이 난관에서 살아날 수 있었다.

이를 안 제갈량은 탄식하면서 "일을 꾸미는 것은 사람이지만 일을 성공시키는 것은 하늘의 뜻이로다. 사람의 힘으로 억지로 한다고 해서 되는 것은 아니구나" 하며 안타까워했다는 것.

그 후 제갈량은 오장원의 본진에서 어떻게 하든 속전속결을 꾀했고, 사마의는 위수 남쪽으로 이동하여 영채를 세운 후 그의 장기인 수비 작전으로 대치하기 시작했다. 이것이 중원 쟁탈을 결정짓는 북벌전 최후의 승부였다.

소설에서는 제갈량이 북벌을 시작한 이후 그의 계책은 대부분 성공했으나 군량 때문에 결정적으로 승기를 잡지 못했다고 하지만 맞수로 등장한 사마의에게는 계속해서 작전 의도를 간파당했고 수비 위주의 견고한 영채 때문에 곤욕을 치른 것이 사실이다.

소설 『삼국지연의』(제98회)에 보면 오장원으로 촉한군이 진출하기 전 사마의 쪽 작전에 대한 내용이 나와 있다.

사마의가 위제 조예에게 아뢴다.

"신은 일찍이 제갈량이 진창 땅으로 쳐들어올 것이라고 아뢰었습니다. 그래서 학소郝昭를 보내어 지키게 했던 것인데 과연 그렇게 되었습니다(이 진창 싸움에서 제갈량은 악전고투했다). 제갈량이 진창을 경유하여 쳐들어오면 군량을 운반하기가 매우 편리하지만 이제 다행히도 진창을 잘 지키고 있으니 그 길로는 군량을 운반하기가 곤란합니다. 신이 생각건대, 이러고 보면 촉군의 군량은 겨우 1개월 먹을 정도밖에 없으니 그들은 급히 싸워야 이롭고 우리 군사는 반대로 오래 지키기만 하면 이롭습니다. 그러니 폐하께서는 명을 내리시어 모든 군사들은 요긴한 곳을 굳게 지키기만 하되 나아가서 싸우지 말라고 하십시오. 그리하면 불과 1개월 이내에 촉군은 먹을 군량이 떨어져 달아날 것이니 그때를 기다렸다가 기회를 놓치지 않고 추격하면 제갈량을 가히 사로잡을 수 있을 것입니다."

사마의는 처음부터 일관되게 제갈량의 북벌에 대한 방어책으로 '요충지를 굳게 지킬 뿐 촉한군과 섣불리 결전하지 않고 기다리면서 군량 수송을 막기만 하면 촉군은 군량이 떨어져 하는 수 없이 후퇴하게 될 것이고, 이때를 노려 공격하면 위군이 반드시 승리할 수 있다'는 이른바 수비와 보급 차단 작전으로 대응했음을 알 수 있다.

손자는 일찍이 이렇게 갈파했다.

"싸우지 않고 이기는 것이 상책上策이다."

격렬한 전투 끝에 승리할지라도 이긴 쪽 역시 막대한 피해를 피하기 어렵다. 따라서 싸우지 않고 이기면 피해 없이 승리하기에 값진 것이 될 테고, 상대를 철저히 때려 눕힌다고 해서 결과까지 좋은 것이 아니라는 지적이다. 적진을 아예 초토화시키고자 공격한다면 그쪽 역시 적지 않은 피해를 볼 것이 분명하다. 더구나 전후 피해를 복구하려면 막대한 비용이 필요하게 될 것이고 철저하게 망가져 버린 패자에게 비용을 청구할 수도 없기에 승리에 대한 이득도 별로 없게 될 것이다.

이기는 방법에도 각자의 방식이 따로 있다. 권투 시합이 좋은 예다. 관중 입장에서는 링 위에서 두 선수가 그야말로 맹수처럼 돌격하여 맞붙어 치고 때리고 하면서 격렬한 모습을 보이다가 마침내 주먹이 센 쪽이 상대를 때려눕히는 것이 관람하는 데 좋을지 모른다. 아웃복싱 선수는 싱거운 싸움 같기도 하지만 차곡차곡 점수를 따서 마침내 판정승으로 인파이터를 이기는 시합 방식을 선택한다.

전쟁이란 진정으로 이기고 지는 것에 모든 것을 걸어야 하기에 어떤 경우보다 훨씬 냉정한 상황에 직면하게 된다. 아웃복싱처럼 게릴라전을 할 것인지 인파이터처럼 과감히 전군을 동원하여 결전을 감행할 것인지, 이길 수 있다는 확신이 있다면 그 방법으로 이기는 방도를 택하는 것이 순리다.

사마의처럼 상대가 지칠 때까지 수비 작전으로 임하다 군량이 떨어져 철수하면 뒤를 공격하는 전투 방식은 마치 아웃복서의 경기를 보는 관중처럼 다소 맥이 풀리고 흥미가 반감될 수 있다. 하지만 이것은 목숨을 건 정도가 아니라 국가가 망하느냐 지켜지느냐 하는 벼랑 끝 승부다. 싸움 자체나 어떤 형식이 중요한 것이 아니란 말이다.

오장원의 싸움에서 제갈량은 어떻게 하든 건곤일척 전군의 운명을 걸고 결전을 벌이려 했고, 사마의는 지구전을 펼쳐 결국 군량미가 떨어져 촉한군이 후퇴하기를 기다렸다. 사마의는 어찌 보면 몸이 약한 적장 제갈량이 진중에서 병사할지도 모른다는 계산까지 치밀하게 하고 있었을 수도 있다.

앞서 말한 것처럼 사마의의 태도는 은인자중하면서 자신의 페이스를 지키고, 적군이 사정권 안에 들어오면 그제야 전면전보다는 국지전으로 대응하며 상대의 허점을 파고들어 괴롭히는 신중한 무장의 전형이다. 화끈한 싸움을 기대하는 쪽에서 볼 때 답답하고, 이기더라도 이긴 것 같지 않다. 어쩌면 답답한 정도가 아니라 대군을 호령하는 총사령관으로서의 자격이 부족한 것처럼 여겨지기도 한다.

심지어 위나라 조정 쪽에서 사마의에게 호감을 갖지 않은 세력들은 이런 방식이 대국의 체면 문제라고 생각해 사마의를 용기 없는 장수라고 비난할 수도 있다. 하지만 사마의는 철저하게 자신의 계획 그대로 진행되고 있는 만큼 약간 멍청한 척까지 할 정도로 신중하고 또 신중하여 견수자중堅守自重했다.

이는 사마의로서는 당연한 선택이었다. 이번 전쟁에서 위험을 무릅쓰고 결전에 나가 제갈량의 촉한군을 일거에 전멸시켜 승리한다 한들 그에게 돌아올 것은 외침에 맞서 싸워 이긴 승전 장군이라는 명예 이상은 없다. 모든 조건이 잘 맞아떨어져서 제갈량의 촉한군을 야전으로 물리치고 개선한다면 그는 일순간 작전의 귀재로 명장의 반열에 올라 찬사의 대상이 되겠지만, 얼마 안 되어 조정이 꺼리는 요주의 인물이 되고 토사구팽될 뿐이 아닌가.

제갈량은 선주 유비와 굳게 언약한 유훈을 받들어 천하 통일의 꿈을 이루고자 도발했고, 사마의는 이 촉한군을 맞아 어쩔 수 없이 보신保身과 완곡한 승리의 양면성을 헤아리며 물리쳐야 했다. 그것이 오장원에서 벌어진 양군 대치 국면의 현실이었다. 최적주의자 사마의의 방식은 병법 이상의 장래를 내다보는 깊은 심계心計가 담겨 있었던 것이다.

추풍오장원의 진실

　인기 있는 경극 중 〈추풍오장원秋風五丈原〉이라는 제목으로 인파를 모으고 있는 작품이 있다. 제갈량이 자기 목숨을 바쳐서 맡은바 직분을 다 하려고, 아픈 몸을 참고 최후의 결전을 시도하고자 했으나 겁을 먹은 사마의가 응전해주지 않은 바람에 그 꿈이 무너지고 말았다는 것이 대략의 줄거리다. 내용은 다음과 같이 전개된다.

　오장원에서 양군이 대치하고 있을 때였다. 군사적인 면에서 사마의가 이끄는 위군이 제갈량의 촉한군보다 상당히 우세했다. 그런데 사마의는 영채를 지킬 뿐 나와서 싸우려 하지 않았고, 오히려 수적 열세에 있는 제갈량이 결전을 치르자며 사마의를 자극했다.

　끊임없이 결전을 꾀하는 장수와 문을 걸어 잠근 영채 속에 숨어서 오로지 세월이 가기만을 기다리는 한심한 장수의 모습이 오버랩되는 그런 장면이 계속된다.

　제갈량이 사용한 마지막 수법은 부녀자가 상중喪中에 쓰던 '건귁'이라는 똬리와 상복, 그리고 서신 한 통을 사신에게 지참시켜 사마의를 격동시킴으로써 싸움터로 끌어내려는 것이었다. 사마의는 촉한의 사신과 휘하의 장수들이 보는 앞에서 태연하게 제갈량이 보낸 서신을 펼쳐 읽었다.

중달, 그대는 일국의 대장이 되어 중원의 대군을 거느렸으면서도 무기를 들고 승부를 겨룰 생각은 하지 않고 굴속과 흙더미 속에 틀어박혀 칼날과 화살을 피하기만 하니 이는 싸움을 두려워하는 부녀자와 다를 바가 있겠는가. 이제 사신을 시켜 부녀자의 상복과 똬리를 보내노니 그래도 영채문을 열고 나와서 싸우지 못하겠거든 두 번 절하고 이 물건을 공손히 받으라. 다행히 부끄러움을 알고, 사내의 기상이 조금이라도 있다면 속히 답장하고 장소와 날짜를 정하여 한판 승부를 겨뤄보자.

이 도발적인 서신을 읽고 사마의는 화를 내기는커녕 의외로 빙긋 웃었다. 제갈량이 노린 것처럼 서찰을 내동댕이치거나 사신에게 소리치지도 않았다. 불쾌한 표정을 짓기는커녕 오히려 싱글벙글하며 마치 오랜만에 소식을 들은 절친한 친구의 안부를 묻듯 서신을 가져온 촉한군의 사신에게 말을 건넸다.

"제갈 승상께서는 요즘 어떠하신가? 식사는 잘하시는가?"

사신으로 온 자는 의외의 질문에 조금 의아하게 여겼으나 솔직히 대답했다.

"그렇습니다. 아침 일찍 일어나시고 밤늦게까지 일하십니다. 편십鞭十(곤장 10대 이상 치는 형벌의 처리)까지 친히 살피실 정도이지요. 음식은 하루 몇 되에 지나지 않을 정도로 소식하십니다."

당시 도량형으로 따지면 몇 되는 지금의 몇 홉 정도밖에 안 된다. 한마디로 식사량이 일하는 정도에 비해 극히 소량이며 보통 사람에 비해서도 적다는 대답이었다.

사마의는 염려된다는 듯 사신에게 말했다.

"아직 정정하게 일하신다니 다행이구나. 식사만 좀 더 하신다면 좋겠구나."

그리고는 사신에게 선물까지 듬뿍 내주며 안부를 전하라고 이르며 무사히 돌아가도록 배려했다. 사신은 위군 진영을 떠나 촉한군 진지로 돌아와 제갈량에게 경과를 보고했다.

"사마의는 부녀자의 상복과 똬리를 받고 서신을 읽었으나 조금도 노하지 않았습니다. 오히려 승상의 건강과 식사를 염려하기에 제가 이러하다고 설명했더니, '다행이다' 하면서 식사량만 조금 더 늘리신다면 좋겠다고 말했습니다."

사신의 설명을 들은 제갈량은 탄식하며 대꾸했다.

"그가 나를 너무나 잘 아는구나."

사마의는 왜 적장인 제갈량의 건강을 염려하는 안부를 묻고 식사를 좀 더 하면 좋겠다는 의외의 말을 했을까?

그에게는 이미 촉한군과 적장에 대한 정보가 대부분 들어와 있었던 것이다. '제갈량은 늘 장부와 문서까지 친히 살피고 결재한다. 사소한 일도 자신이 처리하지 않으면 마음을 놓지 못한다. 그리고 종일 쉬지 않고 군무를 처리한다'는 정보였다.

제갈량으로서는 촉한의 국운을 걸고 북벌에 나선 만큼 조금이라도 허점이 나타날까 두려워 매사에 빈틈없이 자신을 몰아붙였다. 그래서는 격무에 시달린 나머지 건강에 이상이 올 수밖에 없다. 당시 제갈량은 50대 중반이었다. 그 시대의 남성 평균 수명을 넘어서고 있었던 것이다.

전후 사정을 종합해서 정리해보면, 사마의는 이번 촉한군이 북벌을 시작했을 때부터 자신의 참전 여부를 떠나 몇 가지 방책을 내심 상정해두었다고 할 수 있는 기록이나 자료가 있다.

첫 번째는 촉한군이 서쪽 변방에서 장안 부근까지 험난한 지형인 촉도를 통과하며 먼 원정에 나섰으므로 후방에서 군량미를 공급해주는 일이 원활하지 못했을 것이다. 결국 그들은 속전속결로 승부해야 하는데 아군, 즉 위군 쪽에서 지구전을 펼치면 얼마 못 가서 군량 부족으로 부득이하게 철군할 수밖에 없는 지경이 된다. 그러므로 그때까지 기다렸다가 때맞춰 노려서 물리친다.

두 번째는 제갈량을 제외하면 촉나라 조정에는 별로 괜찮은 인물이 없으니 그가 원정에 나섰을 때, 성도에 간첩을 보내 헛소문을 낸다면 분명 어리석은 유선은 제갈량을 소환할 것이다. 그때를 노려 후퇴하는 촉한군의 뒤를 공격해 물리친다.

세 번째는 위나라 영토에 진입하여 공격해오는 촉한군

진영에서 예상치 못한 사고가 발생할 때를 기다리는 것이다. 총사령관인 제갈량의 신상에 이상이 있을 수도 있고, 그의 휘하 장수들 가운데 공명심 때문에 제갈량의 지시를 받지 않고 서두르는 자가 나타날 수도 있다(이미 첫 번째 북벌전인 가정에서 벌어진 싸움에서 마속은 제갈량의 지시를 어기고 산 위에 주둔했다가 식수가 떨어져서 치명적인 패전을 기록한 바 있다). 이렇게 되면 쉽게 그들을 물리칠 수 있다.

사마의는 이런 구상을 세우고 있었으며, 마침내 총사령관으로 부임하여 시의적절한 수비 전술을 구사하면서 두 갈래 첩자들을 적진에 파견해 두고 있었다. 촉한의 도읍 성도와 제갈량의 진지가 있는 오장원이었다.

이때 제갈량은 군량 문제를 해결하기 위해서 오장원 인근 고을의 주민들과 군둔軍屯(주둔지에서 전투 준비를 하는 한편 농사를 지어 군량을 자급자족하는 방법)을 함께 시행하고 있었으므로 첩자를 심는 일이 용이했다. 사마의는 첩자들로부터 이미 수많은 정보를 받아 취합하면서 자연스럽게 제갈량과 촉한군의 내부 사정을 염탐했던 것이다.

사마의는 자칫 실수할까 봐 무엇이든 완벽히 하려는

제갈량의 고집 때문에 결국 스스로 지치게 될 것이므로 분명 일정 시간이 지나면 건강 상태가 악화되리라 치밀하게 계산하고 있었던 것이 분명하다.

사마의는 정보를 얻고 종합한 후 적의 사신으로부터 확인하는 순서를 찾은 셈이었다. 제갈량의 건강에 이상이 있다는 분명한 정보를 직접 상대측으로부터 보고받은 것이나 마찬가지였다. 이를 위해 사마의는 적장이 보낸 사신에게 마치 옛 친구를 문안하듯 물은 것이다.

촉한군 사신이 돌아가자, 사마의는 오랜만에 자신만만한 표정으로 휘하의 장수들에게 다음과 같이 말했다.

"공명이 매일매일 하는 일에 비해 먹는 양이 그렇게 적다니 어찌 건강을 유지하여 오래 지탱할 수 있겠느냐. 머지않아 촉한군 진영에 일이 생길 테니 그대들은 명령이 떨어지는 즉시 출동할 수 있도록 만반의 준비를 갖추도록 하라."

이때 위나라 장수들은 사마의의 지적을 귀담아듣지 않고 모두 흥분하여 이구동성으로 떠들어 댔다.

"우리는 대국의 장수들입니다. 어찌 소국 승상의 모욕을 받고 가만히 앉아 받을 수 있겠습니까. 원컨대 즉시 출전하여 자웅을 결하도록 허락해주십시오."

사마의는 그들을 달래면서 분위기를 살폈다.

이때 사마의는 철저하게 심리전을 구사하고 있었다. 그는 천하의 제갈량을 앞에 두고 부하들에게 조금만 더 수비 작전으로 기다린다면 분명히 촉한군을 물리칠 기회가 오리라는 기대를 은연중에 전파한 것이다. 마치 겁을 내는 듯하면서 막연히 기다리는 것이 아니라, 철저한 정보를 파악하며 이길 수 있는 때를 기다리고 있다는 모습을 보여준 것. 다만 위군의 장수들이 이런 사마의의 의도를 헤아리지 못했을 뿐이다.

이는 사마의의 항상 남보다 '한발 늦게 움직이는 처세술'과도 연관이 있다. '돌다리도 두들겨보고 나서 건너는 성격'이기 때문이기도 하다. 예를 들어 병석에 누운 조진에게서 도독의 장인將印을 인수할 때(군 사령관의 자리를 인계받을 때)의 사마의의 모습을 살펴보자. 사마의는 먼저 지금의 상황이 얼마나 심각한지를 조진에게 설명했고, 조진은 자진해서 도독의 장인을 내주려 했으나 사마의는 몇 번이나 사양하면서 오히려 자신이 조진의 한 팔이 될 것을 자청했다.

조진은 끝내 몸을 일으켜 소리쳤다.

"중달이 만일 이 일을 맡지 않으면 나라가 위태롭게 되고 마오."

그제야 사마의는 천자의 명령이 있었음을 실토했고, 조진은 기쁜 얼굴로 기꺼이 장인을 내주었다. 상대방을 배려하면서 제압이나 설득이 아닌 감화의 방법을 사용한 것이다. 이는 시간상으로 오래 걸릴지 모르나 확실한 방법으로서 의미가 있다.

장합이 제갈량의 덫에 걸려 죽는 과정에서도 사마의는 어디까지나 신중하고 또 신중할 것을 거듭 당부했는데 장합이 고집을 부려 추격전에 나섰고, 서두르다가 당하고 말았다.

이때 사마의는 거듭 슬퍼하며 "장합이 죽은 것은 모두 내 허물이다"라며 탄식해 마지 않았다. 제갈량은 손권의 꾀에 걸려 관우가 죽었을 때, "평소에 관공의 성격이 너무 굳세고 스스로를 높이 여기는 데가 있어 오늘 이런 화를 입게 된 것이다"라고 했다.

한쪽은 부하 장수가 자신의 권고를 듣지 않고 서둘러 추격하다 덫에 걸려 죽었는데도 몹시 애통해하며 자신의 신중한 성격 그대로 말리지 못했음을 자책하는데, 다른 한쪽은 자신의 책임을 엉뚱하게 돌려서 제대로 대응하지 못한 허물을 부하 장수에게 뒤집어씌우듯 냉랭하게 지적하고 있다.

이처럼 사마의와 제갈량, 이 두 사람의 대결하는 방식이나 성격의 차이, 그리고 세상을 살아가는 방식은 확실히 다르다.

어느 정도 사회생활을 하고 경험을 쌓은 우리 세대의 입장에서는 날카롭게 비판하면서 부하의 아픔을 지적하는 제갈량보다 부하의 허물을 감싸며 스스로를 탓하는 사마의에게 자신을 투영해보는 편이 얻어가는 게 더 많을 것이다. 그것이 요즘 같은 세상에서 탈 없이 살아가는, 배려하고 존중하는 마음가짐이 아닐는지…….

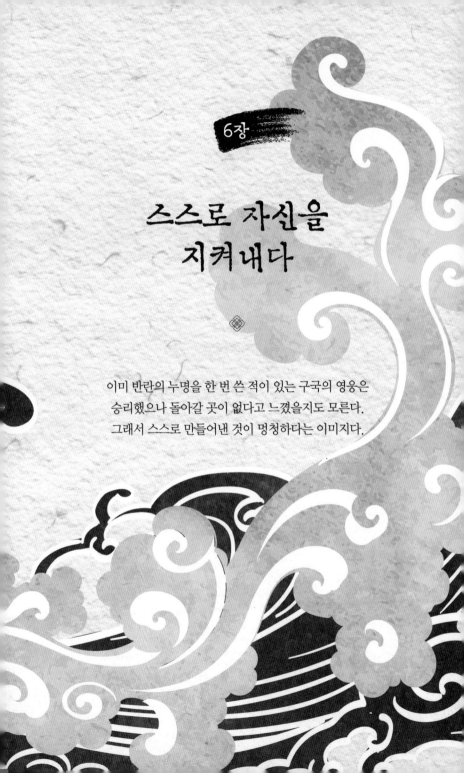

6장

스스로 자신을
지켜내다

이미 반란의 누명을 한 번 쓴 적이 있는 구국의 영웅은
승리했으나 돌아갈 곳이 없다고 느꼈을지도 모른다.
그래서 스스로 만들어낸 것이 멍청하다는 이미지다.

可痴不癲 가
치
부
전

사공명주생중달의 실상

결론적으로 오장원 전투에서 사마의가 승전 장군이 되고 위나라의 골칫거리였던 제갈량은 이곳에서 숨을 거둠으로써 전쟁이 끝났다. 사마의는 구국의 명장이라는 최대의 영예를 얻었다.

여기서 우리가 알고 있는 역사에 빗대어 살펴보자.

한 장군에 대한 이야기다. 이 장군은 나라가 바람 앞의 등불과 같은 상황이 되자 분연히 일어나 적들을 헤치웠다. 당시 왕은 수도를 버리고 도망치듯이 멀리 피난을 갔다. 민심은 왕이 아닌 이 장군 편으로 돌아섰다. 그러자 왕의 명을 어겼다는 억울한 누명을 씌워 투옥시키기까지 했다. 그런데 또다시 나라에 위기가 닥치자 백의종군하여 완벽한 승리를 이끌어 낸다. 그러나 이 장군은 승리를 목전에 두고 숨을 거둔다.

만약 이 장군이 살아서 돌아갔다면 어떻게 되었을까? 왕보다 더 백성들이 따르는, 그야말로 민중의 마음속에 진정한 지도자로 각인되지 않았을까? 그렇다면 승전 장군은 칭송받기보다 왕의 시샘을 받아 제거되는 운명이 되지 않았을까?

이런 시대 상황에 상상력을 덧붙여 나온 소설이 김훈 작가의 『칼의 노래』다. 여기서 말하고 있는 장군은 모두가 아는 것처럼 이순신 장군이다. 역사는 사실을 기록할지언정 진실은 시대 상황이나 지배자의 뜻에 따라 적당히 각색되는 경우가 의외로 많다. 기록하는 사람이 지배자의 부하이기 때문이다. 마지막 전투에서 사망한 이순신 장군의 죽음에는 석연치 않은 점이 많다. 당시 시대 상황이 그러했고, 죽은 과정도 그렇다. 우리가 과장되게 알고 있지만 당시 조총이란 것의 위력이 그리 대단하지도 않았고,

조준 사격을 할 수 있을 만한 정확성도 없었다. 하물며 전투 병사도 아닌, 뒤쪽에서 전군을 지휘하는 지휘자를 패전하는 상황에서 정확히 맞춘다는 것은 불가능에 가깝다. 하지만 역사는 그렇게 기록하고 있다.

의심되는 역사이기 때문에 후대의 사람들은 상황에 맞추어 다시 유추하고 나름의 새로운 답을 찾아가는 것일까?

비약일지는 모르지만 이순신 장군의 상황과 사마의가 오장원에서 처한 상황은 유사점이 많다. 이미 충성을 의심받아 좌천당한 경험이 있는 구국의 영웅으로서 명예를 맛보게 되었으나 사마의는 자신이 편하게 쉴 곳이 없다고 느꼈을지도 모른다. 그래서 만들어낸 것이 바보 같은 이미지다. 승리는 했지만 실력이 대단치 않은데 운이 좋아서 겨우 이긴 것으로 이미지를 만들어야 했다.

사마의가 자신을 멍청하게 소문나도록 의도하고 실행한 과정은 다음과 같이 전개되었다.

제갈량이 촉한군을 이끌고 오장원에 주둔한 이후 누차 장수를 보내 위군 영채 앞까지 다가와 욕지거리하는 등 감정적으로 자극하고 싸움을 걸었으나, 사마의는 오로지 영채를 굳게 걸어 잠그고 지킬 뿐이었다. 제갈량은 최후의 수단으로 격장지계激將之計를 쓰려고 부녀자가 사용하는 똬리와 상복을 보내 사나이의 자존심을 긁는 조롱 섞인 내용이 담긴 서신을 동봉했다. 그러나 사마의는 그래도 요지부동 영채만 지켰다.

위나라 장수들은 이 일에 몹시 분노하여 사마의에게 '대국의 체면이 깎였으니 전군을 이끌고 나가 촉군과 결전하자'고 강력히 요구했다. 사마의는 분노한 그들에게 핑계를 댔다.

"나도 싸우고 싶지만 영채를 굳게 지키라는 천자의 분부가 있는지라 어쩔 수 없다. 하지만 그대들이 꼭 싸우고 싶다면 다시 한번 천자께 아뢰고 허락받은 후 적군을 치러 가면 어떻겠느냐?"

장군들은 이 의견에 동의했고, 형식적이지만 조정에 표문을 올려 싸우겠다는 뜻을 전했다.

그때 직언을 잘하는 신비辛毗가 이 표문에 숨겨진 사마의의 의도를 간파했다.

"이는 사마의가 영채 문을 열고 나가서 결전할 뜻이 없는데 제갈량에게 모욕당한 총사령관을 보고 부하 장수들이 분노하여 조르는 바람에 표문을 올린 것이 분명합니다. 분노한 장수들이 날뛰는 걸 막으려고 조정에 응원을 구하는 것입니다."

이렇게 자초지종을 아뢰니 위제 조예 역시 오래전부터 사마의의 신중한 의도를 아는지라, 신비를 감군監軍으로 내려보내서 '싸우려는 자가 있다면 이는 천자의 뜻을 어기는 자'라는 칙명을 하달하고, 위군의 영채 문을 더욱 단단히 잠그고 병사들을 감시하도록 분부했다.

제갈량은 신비가 감군으로 내려와 위군 영채 문 앞에 서서 보초를 서며 지킨다는 보고를 받자, 사마의의 의중을 헤아리고 측근들에게 이렇게 말했다.

"사마의가 본디 싸울 뜻이 없으면서 표문을 올려 싸우겠다고 청한 것은 부하들에게 나름의 이유를 대는 꾀를 쓰는 것일 뿐이다. 그대들은 듣지 못했는가. '장수가 진중에 있으면 군주의 명을 받지 않을 경우도 있다將在外君命有所不受'고 했거늘 더구나 군사를 거느리고 천 리 밖에 나와서 싸움을 허락해 달라고 임금에게 청하는 자가 세상에 어디 있다더냐. 이제 그들(사마의와 신비)은 우리 군사들을 지치게 하고 마음을 게으르게 하려는 잔꾀를 쓰고 있는 것이다."

결국 양쪽은 대치할 뿐 접전이 일어나지 않는 가운데 계절이 바뀌고 날씨는 더욱 차가워져 가을이 되었다. 제갈량의 심신은 계속 악화되어 서기 234년 늦가을, 마침내 오장원 진중에서 54세의 일기로 숨졌다. 사마의는 회심의 미소를 지으며 군사를 진격시켰다.

소설 『삼국지연의』에서는 이때의 상황을 다음과 같이 묘사하고 있다.

그날 밤, 사마의가 천문을 살피고 있었는데 큰 별 하나가 붉은빛을 보이면서 동북쪽으로부터 서남쪽으로 흘러가 촉한군 영채 안으로 떨어지는 것이었다. '이는 제갈량의 죽음을 뜻하는 게 분명하다' 하고 짐작한 사마의는 군사들에게 출동을 명했다. 이때 사마의는 기묘한 명령을 내린다. '진격과 후퇴를 쉽게 할 수 있도록 대형을 짜라.' 이러한 대오 편성은 공격하다가 조금이라도 여의찮으면 즉각 후퇴할 수 있는 장점이 있지만, 공격도 아니고 수비도 아니므로 실제로는 몹시 어정쩡한 대오의 편성이었다.

이렇게 대오를 편성한 사마의가 병사를 이끌고 앞장서서

달려가니 오장원의 촉한군 영채는 텅 비어 있었다. '분명 제갈량은 죽었구나' 하고 확신한 사마의는 대오를 돌격형으로 바꿔 후퇴하는 촉한군을 엄습하라고 명했다. 그리고 자신이 앞장서서 추격에 들어갔다. 얼마를 달려가니 후퇴하는 촉한군의 후미가 눈에 들어왔다. '됐다!' 사마의는 박차를 가해 뒤쫓기 시작했다. 후퇴하는 촉한군과의 거리가 점점 가까워졌다.

그때였다. 어디선가 갑자기 한 방 포 소리가 일어나며 우렁찬 함성이 계곡을 뒤흔들며 일어났다. 동시에 후퇴하던 촉한군이 일제히 기를 돌려 세우고 북을 치며 위군 쪽으로 다가오는데 주위의 숲속에서 수십 명 장수가 사륜거를 호위하고 나타났다. 사마의가 진격을 멈추고 바라보니 수레 위에는 죽었다고 여긴 제갈량이 깃털 부채를 들고 단정히 앉아 있는 것이 아닌가?

'제갈량이 아직 살아 있는데 내가 경솔했구나.' 이렇게 생각한 사마의는 뒤쪽의 병사들에게 "후퇴하라!"고 소리치며 그 자신도 말머리를 돌려 달아나기 시작했다. 위군 병사들도 혼비백산하여 갑옷과 투구와 칼과 창을 버리고 서로 앞다투어 달아나니 그 바람에 서로 짓밟고 밟혀 죽은 자만도 무수했다.

사마의가 50여 리를(당시 이수里數는 지금과 달랐다) 달아났을 때 뒤쫓아 온 위나라 두 장수가 겨우 사마의의 말고삐 재갈을 움켜쥐고, "도독은 진정하십시오" 하고 소리치니 그제야 사마의가 투구를 만지며 묻기를, "내 머리가 붙어 있는지 보거라" 하며 혼이 빠진 듯했다. 두 장수가 대답했다. "도독께서는 겁내지 마십시오. 촉한군은 멀리 가버렸습니다."

사마의는 한참 후에야 정신을 차리고 두 장수와 함께 샛길을 찾아 본영으로 돌아와 모든 장수들에게 군사를 나누어 주고 사방으로 보내 망을 보게 했다.

이틀이 지난 뒤에 고을 백성들이 와서 "촉한군은 산골짜기로 들어가서 물러갈 때 곡성이 진동했으며 군사 중에는 흰 깃발을 든 자가 있었으니 제갈량이 죽은 게 분명합니다. 강유만이 남아서 기병 천 명을 거느리고 추격하는 우리 군사의 뒤를 끊었던 것입니다. 전날 사륜거 위에 앉아 있던 제갈량은 실은 나무로 만든 목상이었습니다" 하고 고했다.

그 말을 들은 사마의가 탄식했다.

"나는 제갈량이 살아 있는 줄만 알았지 죽은 줄은 몰랐도다."

이리하여 사람들 사이에서 '죽은 제갈량(공명)이 살아 있는 사마의(중달)를 달아나게 했다死孔明走生仲達'는 속담이 생겨났다.

『진서』〈선제기〉에는 다른 내용이 기록되어 있다.

며칠 뒤에 사마의는 오장원의 촉한군 막사가 있던 곳을 순찰하며 촉한군이 남기고 간 수많은 문서와 군량미를 손에 넣었는데, 이때 비로소 제갈량의 죽음을 확인하고 "공명은 천하의 기재로다"라고 말했다. 신비가 공명은 아직 살아 있을지도 모른다고 말하자, "대장이 소중히 여기는 것은 군사 계획 서류와 병마, 그리고 군량이다. 그런데 지금 여기에 이것들이 모두 버려져 있다. 대체 사람이 오장육부를 버리고 어떻게 살 수 있겠는가? 그는 죽었다. 서둘러 추격해야 한다"고 말했다.

이것이 바로 '죽은 제갈량이 산 중달을 쫓아버렸다'는 고사의 탄생 배경이고, 나중 위제 조예는 승전을 고하는 사마의에게 이 소문을 이야기하면서 "아무리 그래도 대국

의 도독이 어찌 그리 황망하였소" 하고 은근히 사마의가
멍청하다는 식으로 비아냥거렸다고 한다.

사마의 자신이 이런 상황을 만들어야 했던 까닭

역사를 떠올리는 방법에는 세 가지가 있다.

하나는 과거 그 시대에 살았던 사람의 입장이 되어 살
펴보는 것이다. 초음속 여객기가 수만 리 떨어진 지역 사
이를 날아 몇 시간 만에 도착하고, 수천 리 떨어진 목표
지점에 손 한 뼘의 오차로 적중하는 최신형 공격 미사일
이 있고, 현장 근처에는 가보지 않고 멀리 떨어진 벙커에
서 전자오락하듯 전광판에 비치는 전투 장면을 바라보며
작전을 지휘하는 시대가 아니라, 몇백 리만 이동하려 해
도 말을 타고 몇 주일을 질주해야 하며, 활 쏘고 창칼을
휘두르던 시대로 돌아가서 살펴보는 방식이다.

두 번째는 오늘의 시각에서 바라보는 것으로 유추할
만한 합리적 근거를 찾아 시대에 걸맞은 보편적인 상상력
으로 살펴보는 방법이다. 기록된 역사에 의문을 품고 혜

아려보는 것이다.

세 번째는 철저히 자신의 입장에서, 그러니까 개인적 호불호나 감정 또는 가치 판단으로 대상을 바라보고 이에 어울리게 스스로 판단하는 방식이다.

오장원에서 최후의 승리를 눈앞에 두고 보여주는 사마의의 태도를 이 세 가지 경우에 비추어 살펴보자.

소설의 내용처럼 별자리의 움직임을 살피고 나서 죽었다고 믿어 전군을 이끌고 공격했는데 제갈량의 모습이 어디선가 불쑥 나타나자 앞뒤 분별하지 못한 채 사마의가 그토록 다급하게 '걸음아, 날 살려라' 하고 오십 리나 도망쳤으며, 부하 장수가 달려와 말고삐를 잡아 진정시키자 겨우 한다는 말이 자기 투구와 목덜미를 만지며 '내 머리가 붙어 있느냐?'고 했다는 설명을 어디까지 믿을 수 있을까?

만일 그렇게 행동했다면 우리는 사마의를 어떻게 평가해야 할 것인가? 물론 예측이 빗나가면 생사가 급박하게 오가는 전쟁터에서 충분히 겁을 먹을 수 있다. 그런 상황이 오면 누구나 줄행랑을 칠 수 있다. 그리고 목덜미를 어루만지며 안도의 한숨을 내쉴 수도 있는 일이다. 신출귀

몰한 천재적 지략가로 소문난 제갈량과의 전쟁에서 막상 그런 일을 당했으니 이해할 만하다고 생각할 수도 있을 것이다.

하지만 상식적으로 판단했을 때, 그것은 거의 불가능한 일이다. 그런 오랜 대치 상황이 지난 후에 아무리 적장이 죽었다 할지라도, 그 시기가 아니면 승리를 놓칠 호기라 하더라도, 십만 대군을 지휘하는 최고 사령관이 말단 부대장처럼 부하들 앞에 나서서 '나를 따르라'는 식의 창칼을 휘두른다는 것부터 이해할 수 없다. 막상 접전하여 피가 튀기고 목숨을 잃는 위기가 닥친 것도 아닌데 적장이 모습을 보였다고 곁에 있는 부하 병사를 나 몰라라 놔두고 무작정 도망칠 수 있었을까? 사마의를 형편없는 장수 감으로 비하하고 욕되게 하고자 의도했을지라도 상식적으로 생각하면 이해가 안 된다.

사마의는 적장으로서 장수로서 전략가로서 제갈량을 높이 평가하기도 했지만 용병술 면에서는 제갈량이 그리 뛰어나다고 여기지 않았다. 동생 사마부에게 보낸 편지의 내용이 훗날 역사가가 새로 기록한 것이기에 과장된 면이 있다고 할지라도 사마의는 결코 장수나 전략가로서는 제갈량을 두려워하지 않았다는 증거가 여럿 있다.

더구나 신중한 성품의 사마의는 몇 번이고 이런저런 계책을 내놓으면서 얼마든지 제갈량을 사로잡을 수 있다고 큰소리쳤다. 사마의가 우쭐거리고 싶어서 그런 말을 했다고는 결코 볼 수 없다. 평소 사마의가 보여준 태도나 제갈량과 맞서 싸울 때의 모습을 보면 면밀하게 계산하고 상대를 파악하여 자신감을 내비친 것이었다고 보는 쪽이 합리적이다. 사마의는 냉철하게 상대를 파악하고 나서 이길 수 있는 방도를 찾아낸 후 움직이는 스타일의 장수였다고 할 수 있다.

이후에 일어난 일이지만 요동의 공손연公孫淵이 왕을 자처하고 연나라라고 칭한 적이 있다. 유주자사 관구검毌丘儉(두 차례나 고구려를 침공한 적이 있는 장수)이 요동을 정벌하려 하였으나 그의 힘으로는 어쩌지 못했다. 결국 사마의가 군사를 이끌고 출동하였는데, 병사의 수효나 장차 있을 촉한이나 동오의 움직임 등 전국의 정세에 대해 염려하는 위제 조예 앞에서 그는 요점을 지적하면서 자신만만한 표정으로 이런 설명을 했다.

"신의 부하로 기병과 보병 4만 명이 있으니 요동의 반란군을 충분히 격파할 수 있습니다."

당시 요동의 군사가 15만 명이었다. 그 병력의 4분의 1로, 수천 리 먼 길을 원정 가서 관구검도 맥을 추지 못하고 패퇴시킨 요동의 군사를 손쉽게 해치울 수 있다고 주저 없이 장담하는 사마의의 모습은 의외라고 볼 수 있다. 그는 덧붙여 말했다.

"공손연이 성을 버리고 미리 달아난다면 그로서는 상책이요, 요동 땅을 지키면서 우리 위군에 항거한다면 그로서는 중책이요, 만일 고집스레 지켜 우리 위군에게 맞선다면 반드시 신에게 생포될 것이 틀림없습니다."

사마의는 마치 주머니 속에서 구슬이라도 꺼내듯이 자신 있게 말했다. 그리고 거리가 수천 리 길이니 가는 데 백 일, 공격하는 데 백 일, 귀환하는 데 백 일, 쉬는 데 60일 걸릴 테니 도합 1년 만에 격파하고 승전고를 울리며 돌아오겠다고 호언장담했던 것.

위제 조예는 이런 사마의의 장담에 흡족해하면서도 '그 틈에 촉한군이나 남쪽의 동오군이 쳐들어오면 어떻게 하느냐'며 불안해했지만, 사마의는 덧붙이기를 '신이 그들을 방비할 만반의 계책을 이미 지시해 두었으니 근심하지 마시라'고 안도하게 했다.

불과 몇 년 전 오장원에서 제갈량이 죽었다고 추격하다가 목상으로 조각한 모습을 보자 도망치기 바빴던 사마의가 오히려 몇 살 나이가 더 들었음에도 자신만만하게 먼 북쪽 수천 리 길을 4만 군사를 이끌고 떠나면서 기개를 보여주고 남과 서에서 기회를 노리는 촉한군과 동오군에 대한 대비까지 철저히 해두었다고 자신감을 토로하는 모습을 보면, 같은 사람이라고는 도저히 믿기 어려울 정도다.

사마의가 처음부터 제갈량에게 겁을 먹고 쩔쩔매는 모습을 보고 통쾌함을 느꼈을 민중들을 배려하여 이런 식으로 꾸몄다고 인정하면 모를까 이런 묘사 자체가 지나친 허구의 구성이라고 할 수 있다. 이 점은 촉한정통론을 주장하는 삼국지 연구가들도 공성계와 마찬가지로 지나친 묘사였으며, 사마의의 진면목을 깎아내린 것으로 이해한다.

가치부전은 그의 보신책이었다

36계計 병법 중에 '가치부전假痴不癲(똑똑하면서도 어수룩해 보이기)'이란 계책이 있는데 사마의는 언제부터인지 이 계책을 신봉하듯 행동하고 있었다.

물론 조조 진영에 출사하던 초기 시절부터 그렇지는 않았다. 당시 순욱이나 순유, 정욱, 가후 등 뛰어난 책사들과 함께 일하고 있을 때는 가진 바 실력을 모조리 발휘해도 별로 두드러지지 않았을 것이 분명하다. 그러나 이들이 사라진 이후에는 경륜으로 보나 능력으로 볼 때 사마의는 위나라의 일인자로 꼽을 만했다.

요동 땅에 가서도 그랬다. 사마의가 군사를 성문에서 멀리 후퇴시키니 공손연의 군사들과 백성들이 제멋대로 성에서 나와 근처 언덕에 가서 나무를 하고 들판에다 소와 말을 놓아 먹였다.

이를 사마(참모장에 해당) 벼슬의 진군이 의아하게 여겨 사마의에게 물어보았다.

"예전에 상용성의 맹달을 공격할 때 군사를 여덟 길로 나누어 8일 만에 상용성 밑까지 밀고 들어가서 바로 과감히 돌격하여 마침내 반역도배 맹달을 사로잡아 성공했는데 이번에는 완전무장한 군사 4만 명을 거느리고 수천 리를 와서 어찌 적의 성을 공격하지 않고 군사들을 오랫동안 진흙 속에 처박아 두고 계십니까. 그것만도 이해가 안 되는데 성안의 역적들이 마음대로 나와서 나무를 하고 소, 말을 기르도록 내버려두니 참으로 장군님의 의도를 전혀 알 수가 없습니다."

사마의는 빙긋 웃으며 대꾸했다.

"그대는 병법을 모르는가. 그당시 맹달은 곡식이 많고 군사가 적었지만 우리는 곡식이 적고 군사가 많았기 때문에 속전속결로 서둘러 싸우지 않을 수 없었던 것이오. 그러나 이번에는 요동의 군사가 많고 우리는 군사가 적은데다, 적은 굶주리고 우리는 배부르게 먹으니 힘써 공격할 필요가 없소. 그들이 견디다 못해 달아나도록 내버려둔 뒤에 기회를 보아 칠 작정이오. 한 가닥 길을 터주어 마음대로 나무하고 말과 소를 놓아 먹이게 한 것이니 이는 그들이 달아날 수 있도록 길을 내주는 셈이오."

사마의가 상용성으로 달려가 맹달을 친 것은 오장원에서 제갈량과 정면으로 맞서 싸우기 전의 일이었다. 그러니까 북벌전에 대장으로 기용되어 제갈량과 맞서 출전하기 이전부터 용병술에 관한 한 사마의 나름대로 일가견을 갖고 있었다는 사실을 여기서 분명히 알 수 있다.

또 재삼 유의해 볼 대목이 있다. 소설에서 보면 제갈량과 맞서 싸울 때, 어떤 상황에서도 사마의는 병법에 대해 부하들에게 설명하거나 직접 나서서 구체적 논의를 하지 않았다. 이것은 무엇을 뜻하는 걸까?

오히려 사마의는 항상 주변 상황과 종합적으로 판단한 허실과 틈에 대해서 이야기했다. 상대가 파촉을 점령한 지 얼마 안 되었기에 민심을 얻지 못하고 있다거나(득롱망촉의 고사 참조), 적벽에서 손권과 유비가 연합했으나 지금은 형주를 두고 양 세력 간 갈등 관계에 있다거나 하는 식으로 지적(관우의 북진에 대한 진언 참조)했다. 또한 촉한군의 군량이 떨어질 시기를 예측하여 후퇴할 때 공격하여 사로잡는다거나(제갈량의 진창 공략전 참조), 첩자를 보내 적장의 건강을 파악해서 병석에 눕거나 죽기를 기다린다거나(오장원에서 제갈량의 사신을 맞이했을 때 참조), 적군을 긴장시키기보다 자유롭게 놔두어 끝내는 군량미가 떨어져 달아나도록 유인하는(요동에서 공손연을 상대할 때 참조) 등의 방식을 말하거나 설명했을 뿐이다.

이를 종합해 보면 군사 지휘관으로서 사마의는 다수의 힘을 믿고 병력을 총동원하여 상대를 밀어붙이는 저돌형도 아니려니와 부하를 소모품으로 여겨 작전을 펼치거나 배수진을 쳐서 모험을 거는 방식으로 승리하는 위험천만한 투기형 전략가도 아니었다.

그는 전술만을 생각해서 병법을 말하는 것이 아닌, 최후의 승자가 되기 위해 전체 상황을 두루두루 살폈다. 상대의 허실을 날카롭게 헤아리고 이쪽의 강점을 살려 치밀하게 세운 작전을 자기 나름의 방식으로 실행에 옮기는 철저함을 엿볼 수 있는, 냉철하다 못해 토탈 사고방식으로 계산하는 치밀한 전략가인 것이다.

소설 『삼국지연의』에서는 제갈량의 천재성을 더욱 돋보이게 하려고 사마의를 멍청하고 어리석은 인물처럼 깔아뭉갰지만, 사마의는 오히려 '죽은 제갈량'을 이용하는 방법으로 자신의 진면목을 최대한 숨기려 했다.

오장원의 상황을 타당성 있게 다시 구성하자면, 제갈량이 죽은 것을 확인한 후에도 사마의는 전군에게 과감한 공격 명령을 내리지 않았을 것이 분명하다. 그에게 촉한군의 존재는 생명줄이나 다름이 없었다. 촉한이 건재해야만 위나라에서 사마의가 필요하다. 토사구팽당하지 않으려면 그 방법밖에 없었다.

오늘날의 정치에서도 비슷한 경우가 있다. 강력한 야당이 존재하지 않는다면 타협과 절차를 주장하는 여당의 정치인이 필요할까? 사회조직도 다를 바 없다.

다시 한번 1천 8백 년 전으로 돌아가 생각해 보자.

제갈량이 죽은 후 겁먹은 듯 영채 밖으로 나오지 않는 사마의의 모습을 보고 사람들은 겁쟁이라고 생각했을 가능성이 크다. 그래서 촉한군이 모두 철수한 후에야 나타난 사마의에게 촉한군을 격멸시킬 기회를 놓친 멍청이 이미지를 갖도록 했고, 그런 이미지가 장래에는 자신에게 손해가 되지 않는다고 치밀하게 계산했다고 보는 것이다.

제갈량이 죽고 한참이 지난 후 영채 밖으로 나와서 제갈량이 실제로 죽었는지 확인하고, 그제야 추격전을 펴는 것이 사마의의 생존 작전이었다면, 그의 행동들이 어느 정도 이해가 될까?

사마의는 결코 위나라 조정을 믿을 수 없었다. 그동안 조조를 모시며 난세를 헤엄치듯 살아온 뛰어난 장수와 책사들이 이미 사라진 조정에서 활동하는 유일한 사람이 사마의였다. 이제 무엇을 해야 할지 깊이 고민해 보았을 테고, 자신만이 아니라 일족과 후손들 모두의 안전한 보신책으로 가치부전의 계책을 철저히 활용하지 않으면 위험한 지경에 빠질 가능성이 있었다고 보면 무리가 없을 것 같다.

어리숙해 보인다고 속까지 어리숙한 사람일 수는 없다. 100원짜리 동전과 50원짜리 동전을 내보이며 어떤 것을 갖겠느냐고 물으면 50원짜리를 골라서 웃음거리가 되었던 소년의 대답처럼 말이다.

"만일에 내가 100원짜리 동전을 집으면 그 이후 아이들은 내게 그런 일을 시키지 않을 테지요. 결국 50원짜리를 얻을 기회조차 없어지지요."

우리가 주목하는 40~50대는 자신이 지금까지 이룩한 사회적 역할과 가족에 대한 무한책임의 고빗길에 있는 세대라고 할 수 있다. 가치부전은 오늘날 살얼음 같은 조직사회에서 가장으로 살아남기 위해 선택해야 하는 운명적인 방식일지도 모르겠다. 그것을 부끄럽게 생각하지 말아야 한다. 잠시의 영예를 얻고자 자신이 책임져야 할 주변의 모든 것을 희생시키는 그런 행위는 현대를 살아가는 중견 세대의 인생에서 허락되지 않거니와 해서도 안 되는 일이다. 그것은 결과적으로 무책임하다는 지적을 피하기 어렵고 자칫 소탐대실의 구렁텅이가 될지 모르니 말이다. 조심해야 할 때 조심하는 것은 결코 바보짓이 아니다.

명나라 역사에 다음과 같은 사건이 있었다. 북방 오랑캐를 물리쳐 승전 장군이 되어 돌아왔는데 모함받아 자신은 처형되는 신세가 되고 아내와 딸은 모함한 자의 노비 신세가 되었다. 승전 장군은 다행히 옛 부하의 도움을 받아 거짓 처형당하고 숨어 지내면서 복수의 칼을 갈았다. 마침내 원수를 갚을 기회가 왔고 죽이려는 찰나 이제는 원수의 첩이 된 딸이 나타나 아버지를 말리며 억울함과 한탄을 토해 놓는다.

"아버지는 이미 우리 가정을 망쳤습니다. 어머니는 노예가 되어 비참하게 죽었고, 이제는 신세를 망쳐버린 딸의 남편까지 죽이려 하십니까. 저는 승전 장군의 딸이었다는 것에는 관심이 없습니다. 가족을 돌보지 못한 당신이 내 아버지라는 것이 부끄러우니 돌아가 주십시오. 더 이상 제 인생을 망치지 마세요."

결국 그 승전장군은 원수를 갚지 못했을뿐더러 자신이 철저하지 못했음을 한탄하며 물러서야 했다. 역사의 정의라는 것이 과연 무엇일까? 오늘의 40~50대에게 명나라 승전 장군의 이야기는 결코 과거의 교훈 정도로 끝나는 이야기가 아닐 것이다. 세상은 그때나 지금이나 음해하는 자가 활개 치고 억울한 이들은 눈치를 보는 이상한 모양새가 사라지지 않고 있음이다. 어쩌랴. 이걸 일도양단할 방도가 거의 없으니…….

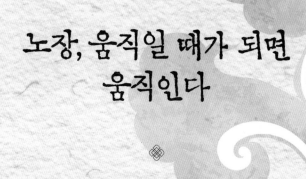

7장

노장, 움직일 때가 되면 움직인다

여러 가지 정황으로 봤을 때 사마의의 행동은
위나라에 대한 배신이 아니었다.
사마의 자신이 판단할 수 있는 최선의 구국이었다.
소위 친위 쿠데타를 한 것이다.

一_일刀_도兩_양斷_단

움직일 때 움직일 줄 알았다

권력이란 최고 통치자와의 지근거리에 비례한다. 그러므로 권세를 필요로 하는 자는 그 곁으로 가서 손에 쥐려고 한다. 그렇다고 너무 가까이 접근하다 보면 예상치 못한 순간에 역린逆鱗이라는 칼날에 다치게 될지도 모른다.

사마의는 요동 정벌을 마치고 귀국할 때까지, 어떤 기록을 보아도 최고 통치자의 신임을 원했을 뿐 가깝게 다가가려 하지 않았다. 요동에서 공손연의 반란을 진압하고 귀국길에 오른 사마의는 놀랄 정도로 느릿느릿 움직였다.

전쟁터로 갈 때는 마치 분초를 다투듯 서둘렀지만 승전 이후 최고 권력자가 있는 수도로 올라갈 때는 마치 유람이라도 하듯 철저히 거북이걸음을 했다. 낙양이 가까워질수록 더욱 그랬다. 병사들이 이틀을 행군하면 반드시 하루를 쉬게 했다.

조정이 있는 낙양으로 돌아가 암투와 모략을 즐기는 조정 대신들과 얽혀 지내는 것 자체가 싫었던 모양이다.

그는 평소에도 '광활한 대지에서 소신껏 정예 군사를 기르는 것이 소원'이라는 말을 주위에다 하곤 했다.

당시 시대적 요구는 삼국이 한 나라로 통일되어 전쟁이 끝나는 것, 하지만 통일이었다. 평화적 통일이란 그 무렵 상상할 수 없는 일이었다. 그와 유사한 주장조차 나타나지 않았고, 이를 꿈꾼 사람도 없었다. 사마의가 군사를 기르겠다는 소원을 말한 것은 스스로 위업을 이루거나 권력을 잡겠다는 의미가 아니라, 자기에게 주어진 상황에서 당연히 해야 할 일을 하고 싶다는 의지였고 소신이었다.

사마의는 요동 원정 중에도 혹시 있을지 모르는 조정의 모략가들을 경계하기 위해 조정 깊숙한 곳의 상황을 수시로 전해줄 우호적인 끈 하나 정도는 마련해두고 있었다.

그 연락의 끈으로부터 여유롭게 남행하는 사마의에게 충격적인 급보가 날아들었다.

'폐하 위독!'

최고 권력자의 죽음은 아무리 순조롭게 후계 구도가 이루어진다고 해도 조정의 권력 지도가 일순간에, 그리고 무서울 정도로 달라지는 것을 의미한다. 어제까지 권력자의 총애를 받던 자들은 대부분 뒤편으로 밀려나고 새로운 황제의 측근 그룹이 순식간에 등장하는 게 보통이고 그동안의 경험이다.

새로운 측근이란 예전부터 후계자와 절친하게 지낸 자들이 대부분이겠지만 새 황제와는 암묵적으로 교류한 신진 인사나 그동안 은밀하게 활동하여 공로를 세운 자들이다. 따라서 이런 중대한 시기에는 조정 가까이 있어야 권력 이동 과정에서 예상치 못한 피해를 보지 않게 된다.

"서둘러 진군한다. 낙양으로!"

어제까지 빈둥거리다시피 천천히 내려오던 요동 원정군은 사마의의 명령에 따라 빠른 속도로 낙양을 향해 달려가기 시작했다. 마침내 조정으로부터 사마의에게 입조하라는 명령서가 도착한 것은 낙양이 백여 리 정도 남았을 때였다.

그곳에서 사마의는 두 번째 연락의 끝으로부터 의외의 인사 교체가 일어난 과정과 조정 내부가 어떻게 돌아가는지 궁금해할 만한 내용이 적힌 연락을 받았다.

처음 대장군에 임명되어 폐하로부터 정무 일체의 위임을 받은 사람은 연왕燕王 조우曹宇였습니다. 조우는 공께서 아시다시피 공손하고 겸손하며 온화한 분이십니다. 공에게 입조의 칙명을 보낸 것은 조우 대장군이었습니다.

그랬는데 황족 회의에서 의뢰로 조상曹爽을 강력히 추천했고, 이미 기력을 잃은 폐하는 추천 내용을 받아들여 연왕을 파직시키고 조상을 대장군에 임명했습니다. 속히 입궐하시어 폐하를 뵙기 바랍니다. 지금은 한시가 급한 상황입니다. 서두르셔야 합니다.

조상(조진의 아들)의 대장군 취임.

조상의 부친은 위나라 군부의 상징적 존재이자 사마의의 전임자로 제갈량의 북벌에 맞섰던 조진 바로 그 사람이었다. 조상이 대장군이 된 데는 부친의 후광도 작용했겠지만, 사실상 군부의 실력자로 위나라 상하의 주목을 받는 사마의를 견제하려는 황족 조씨 일문의 의도가 깊이 관여된 것이었다.

위제 조예는 이 무렵 병환이 깊어 정사를 직접 관장할 수도 없었고, 돌아가는 정세를 제대로 판단하여 조치할 입장이 전혀 아니었다. 황실에서는 후계자인 조방이 아직 나이가 어린지라 최고 권력자의 측근에 조씨 집안 일족을 붙여 놓아야 한다는 판단을 했을 것이다. 북한의 김정은 체제가 만들어진 10년 전을 되돌아보자. 그때 평양에서는 스물아홉 살짜리 젊은이가 후계자로 등장한다. 그들은 마땅히 백두혈통이란 걸 내세웠고, 새로운 권력자 주변에는 그들의 가족이나 혈족들이 포진하여 만일의 사태에 대비했다. 장성택이나 김경희 두 일족이 후견 세력이 되었을 터.

이런 형식의 새로운 권력자 출현 방식은 폐쇄된 권력 구조일수록 지극히 당연한 모습이다. 특히 봉건시대 황제의 교체는 그야말로 천지개벽이나 다름없는 일이다.

사마의가 요동에서 돌아올 때 마치 거북이걸음을 하다가 황제 위독의 연락을 받고 급히 서두른 것은 당연지사.

때를 놓치면 모든 걸 잃어버리는 그런 사태였다.

사마의에게 당장 필요한 일은 요동 징벌에 대해 보고하는 것보다 권력이 어떻게 이동되고 누가 실제로 행사하게 될 것인지를 살피는 것이었다. 이런 상황에서 권력의 정점이 되는 대장군이 조우에서 조상으로 갑자기 바뀐 것은 무엇을 뜻하는가? 사마의로서는 사정을 모르는 한 아연실색할 수밖에 없는 일이었다.

낙양의 새로운 권력 체계 한가운데 황족들의 입김이 자리 잡고 있었다. 이전 조조나 조비처럼 현명하고 명철한 권력자가 시대정신을 이끌면서 중심을 잡고 있을 때는 황족이라고 해서 권세를 쥐고 흔들 수 없었다. 그러나 세월이 흐르면 달라진다. 적어도 부친 항렬의 황족들이 건재하고 황제와 같은 항렬은 부지기수로 많다. 여기에 외척 세력도 한몫 거들게 된다. 사마의는 살얼음판 걷듯 입궐했다. 위제 조예는 병색이 완연한 모습으로 누워있다가 사마의의 손을 잡으며 이런 말을 했다.

"예전에 유비는 백제성에서 죽을 때, 어린 아들 유선을 제갈량에게 부탁했다. 그래서 제갈량은 만사를 잊고 유선에게 충성을 다하였다. 하물며 촉한도 그러했는데 우리는 더 큰 나라가 아니더냐. 짐의 어린 아들 방은 이제 겨우 나이 여덟 살이라 막중한 사직 일을 감당하기 어려우니 바라건대 태위(사마의)와 공로 높은 옛 신하들은 태자를 돕는 데 힘을 다하고, 짐의 부탁을 절대 저버리지 말라."

그러고 나서 조예는 어린 조방을 가까이 오라 하여 일렀다.

"중달은 짐과 다름없으니 너는 마땅히 짐을 대하듯 공경하여라."

조예는 사마의에게 조방의 손을 잡도록 했다. 어린 조방은 사마의의 목을 껴안고 놓지 않았다. 이를 보고 조예가 하염없이 눈물을 흘리며 말했다.

"태위는 오늘날 어린 것이 이처럼 그대를 사랑하는 정을 절대 잊지 말아 주오."

서기 239년 정월 하순, 사마의가 예순한 살 되던 해였다.

이런 모습을 보면서 마치 촉한의 2세 황제 유선과 제갈량의 관계처럼 조방과 사마의의 관계가 이루어질 수 있었다고 여길 사람도 있겠지만 당시 위나라 조정의 모습이나 황족들의 태도를 감안하면 좀 복잡한 양상이다. 전권을 장악한 대장군 조상이 원래부터 대단한 인물은 아니었지만 그의 측근에서 사마의를 꺼리는 인재들이 더러 있었던 것. 결국 그들은 권력을 손에 쥔 초기에 중요 국사를 사마의와 상의하여 결정하는 모습을 보였으나, 점차 측근들이 자리를 잡자 이번에는 사마의를 철저히 견제하였다.

태부太傅(황제의 스승) 자리를 주고 실권을 빼앗더니 자신의 동생을 비롯한 일족들을 장수와 요직에 두루 기용하여 병권 일체를 장악하고 제멋대로 행동하기 시작한 것이다.

사마의가 취임한 태부라는 벼슬은 조정 대신 가운데 공식적인 직급이 가장 높았으나 실권은 없는 한직이었다. 한마디로 조정의 원로 대접을 받을 뿐이었다. 결국 사마의는 국정의 주요 의사 결정 구도에서 밀려나 하릴없이 여덟 살밖에 안 된 어린 황제와 소일하거나 놀이 동무가 되어 뒷바라지나 하는 신세가 되고 말았다. 61세는 당시 노인 축에 끼는 나이였지만 사마의의 건강 상태는 매우 좋았다. 따라서 뒷방지기로 밀려난 아픔을 곱씹어야했다.

명연기로 상대를 속이다

"뭐라고요! 태부라니······."

이 직책을 부친이 받아들였다는 사실을 알고 그의 큰 아들 사마사와 둘째 아들 사마소가 펄쩍 뛰었으나, 사마의는 마치 준비라도 한 듯 오히려 침착한 모습으로 두 아들을 달랬다.

"세상 일이란 올라갈 때가 있으면 내려갈 때가 있고, 좋은 일이 있으면 반드시 나쁜 일이 있는 법. 일희일비하지 말라."

사마의는 며칠이 지나자 병을 핑계로 드러누웠다. 두 아들도 뜻을 헤아려 부친의 병세가 중해 간호해야 한다며 벼슬을 내놓고 집 안에 틀어박혔다. 사마의 집안 나름의 보신책이었다.

『자치통감』에서는 태부가 된 사마의가 처음에는 적극적으로 정사에 힘썼고, 큰아들 사마사는 중호군中護軍(중앙군을 감독하는 자리), 둘째 아들 사마소는 산기상시散騎常侍(천자의 측근에서 예禮를 관장하고 간언하는 자리)라는 직책에 있었다고 하나 이는 조방이 제위에 오르고 나서 얼마

동안의 일이었다.

이후 조상이 어린 황세를 끼고 전권을 행사하니 그의 측근들이 득세하는 세상이 되었다. 조상의 측근들 가운데 인재도 있었으나 대다수가 그리 현명한 자들이 아니었다. 어쩌면 무모한 자들이었다고 할 만큼 권력을 제멋대로 남용했다. 그들에게 문젯거리는 위군에 있어 전설이 된 사마의가 살아 있다는 사실뿐이었다. 은퇴했으나 군부에서 추종 세력이 많으며 의중을 알 수 없고 지혜가 뛰어난 인물이다 보니 실권을 빼앗고도 경계심을 놓을 수 없었던 것이다.

조상은 사마의의 동정을 살펴보려고 이승李勝이라는 자를 사마의에게 보냈다.

이승의 자는 공소公昭인데 조상의 문중에서 활약하는 측근 다섯 명 가운데 하나였다. 원래 그는 옹양주를 다스리는 하후현 장군의 부관 격인 일을 할 때부터 일 처리 방식이 치밀하지 못하면서 허투루 계책을 내놓기 좋아하여 '장차 화를 초래할 인물이니 속히 목을 베어야 한다'는 지적을 받은 적도 있었다. 그래도 어쩐 일인지 조상은 그를 대단히 신임하여 곁에 두었다. 그가 형주자사로 부임하면서 사마의의 동태를 파악하려고 문병 겸 인사차 방문하겠다는 통지를 했다.

"웬 문병이란 말인가?"

사마의의 두 아들은 문병하러 온다는 것 자체가 내키지 않아 투덜거렸다.

하지만 사마의는 달랐다. '이는 조상이 내 병세를 알려고 이승을 보낸 것'이라며 서둘러 맞이할 준비를 시켰다.

이승이 방 안으로 들어왔을 때, 사마의는 병세가 중한 것처럼 보이려고 머리를 풀어 헤치고 침상에 올라앉아 두 시녀의 부축을 받고 있었다. 이승이 절하며 말했다.

"오랫동안 태부를 뵙지 못했더니 이렇게 병환이 위중하실 줄 어찌 알았겠습니까. 이번에 제가 본주本州의 자사로 부임하게 되어 특별히 인사를 드리러 왔습니다."

이승이 형주자사로 가는데 본주라고 말한 것은 그의 고향이 남양으로 형주에 속해 있기 때문이었다. 그런데 사마의는 엉뚱하게 대꾸했다.

"병주는 북방에서 가까운 곳이니 항상 흉노 오랑캐를 경계하고 잘 방비해야겠네."

이승이 정정하여 말했다.

"태부님, 저는 형주자사로 갑니다. 병주가 아닙니다."

사마의가 고개를 끄덕이며 웃었다.

"오, 그러니까 병주에서 왔구먼. 수고 많으셨네."

"병주가 아닙니다. 저는 남쪽의 형주로 떠납니다."

"그럼 형주에서 왔단 말인가?"

점입가경이랄까? 사마의는 계속하여 이승이 도무지 알아듣지 못할 만큼 헛소리에 가까운 응답을 했다. 우쭐 거리기 좋아할 뿐 면밀하지 못한 이승은 결국 더 할 말이 없어 곁에 있는 사마의의 두 아들에게 물었다.

"태부께서 어쩌다가 병환이 이 지경까지 이르렀습니까?"

사마사가 대답했다.

"아버님께서는 귀가 먹어서 말귀조차 못 알아들으십 니다."

이승이 고개를 끄덕이고는 종이와 붓을 청해 자신이 형주자사가 되어 인사차 왔다고 글로 써서 바치니 그제야 사마의가 알았다는 듯이 고개를 끄덕이면서 처연한 표정 으로 말했다.

"나는 병 때문에 귀까지 먹었네. 이번에 부임하시거든 부디 선정을 베풀게나."

사마의는 말하다가 손으로 자기 입을 가리켰다.

시녀가 알아듣고 찻잔을 바치니 사마의가 양손으로 들고 마시는데 입에 들어가는 것보다 옷깃에 흘리는 게 더 많을 정도였다. 사마의는 손을 떨면서 흐느꼈다.

"이제 나는 병이 걸린 데다 쇠약해서 일어나기 힘들 것 같으이. 내 두 아들은 불초자식이라 바라건대 그대가 잘 지도해 주게. 그대가 대장군을 뵙거든 내가 두 아들 일을 마지막으로 부탁하더라고 꼭 전해 주시게나."

말을 마치고 사마의는 계속 앉아 있기 힘들다는 듯 벌러덩 쓰러져 가쁜 숨을 몰아쉬었다.

"아무래도 내가 일어나야겠구먼."

이승은 이 모습을 눈여겨본 후 주위 사람들에게 인사하고 물러났다.

『삼국지연의』(제 106회)에 그 이후의 상황이 잘 묘사되어 있다.

이승은 이때의 사마의가 펼친 명연기에 속아서 돌아가 조상에게 '사마의가 곧 죽을 모양'이라고 고하니, 조상은 "그 늙은이가 죽으면 이제 걱정이 없겠다" 하며 안심했다.

이후 사마의는 조상의 실정失政과 허물에 대해 말없이 지켜보면서 조상 일파를 일거에 제거하고 뒤집어엎을 준비를 하고 기다렸다가 기회가 오자 즉시 거사하여 조상을 허수아비로 만들고 위나라 조정의 실권을 손에 넣었다.

이승이 돌아가자 사마의는 언제 아팠냐는 듯 벌떡 자리에서 일어나 두 아들에게 말했다.

"이승이 돌아가서 보고하면, 조상은 나를 견제하려는 생각을 접을 것이다. 너희들은 조상의 동태를 잘 살피거라. 사냥을 나가거나 다른 이유로 성을 떠나는 때가 오면 즉시 일을 도모해야 한다."

병법서 『삼십육계』의 스물일곱 번째 계책에 〈가치부전〉이라는 발톱 이야기가 있다. '사나운 날짐승이 날개를 접고 낮게 나는 것이 언제인가?'라는 문제에 대한 해답을 구하는 의미로 쓰이는데 한마디로 '똑똑하면서도 어리숙한 척하여 상대가 방심하게 만든다'는 데 핵심이 있다. 『육도삼략六韜三略』의 〈육도六韜〉에는 다음과 같은 구절이 나온다.

사나운 날짐승이 먹이를 채려고 할 때는 먼저 날개를 접어 낮게 날고, 맹수가 사냥감을 덮치려 할 때는 먼저 귀를 수그리고 엎드린다. 그리고 성인이 움직이려 할 때는 반드시 어리석은 기색을 보인다.

맹수가 작은 짐승을 사냥하거나 큰일을 꾸밀 때는 최대한 자신을 낮추어 상대방을 방심하게 만들어야 성공할 가능성이 커진다는 이야기다. 아무리 자기가 우위에 있더라도 완벽한 승리를 위해서는 이런 자세로 임해야 한다는 지적이기도 하다.

누구나 기본적으로 우쭐거리며 자랑하고 싶은 심리가 있게 마련이다. 아무리 처지가 여의찮아도 자신감을 보여서 상대를 기죽게 하려는 심리다. 따라서 가치부전은 인간의 본성을 거스르는 못된 꾀라 하겠다. 인간의 본성을 거스르는 것이 얼마나 힘든지는 청나라 시인 정판교鄭板橋의 시구에 잘 묘사되어 있어 음미해볼 만하다.

聰明難糊塗難
由聰明而轉入糊塗更難

放一着退一步

當下心安

非圖後來福報也.

총명해 보이는 것도 어렵지만 바보처럼 보이기도 어려운 법이다.

그러니 총명한 자가 바보처럼 보이기는 얼마나 어렵겠는가.

총명함을 내려놓고 일 보 뒤로 물러나라.

하는 일마다 마음이 편할 것이다.

그러면 바라지 않아도 복이 올 터이다. 難得糊塗

사마의가 예측한 대로 조상은 '그 누가 있어 자신에게 맞설 수 있단 말인가. 천하의 사마의도 이제는 끝난 것을……' 하며 교만한 태도가 생겼다. 조상은 혹 있을지 모르는 성 내의 변고에 대비해놓지 않은 채 선제의 능을 참배하러 간다며 병권을 쥐고 있던 동생들과 어림군까지 모두 거느리고 행차하게 된다. 이를 노리고 있던 사마의의 행동은 빨랐다. 전광석화처럼 움직였던 것이다.

적절한 때가 눈앞에 전개되면

사마의는 조상의 일행이 낙양 성문을 나섰다는 연락을 받자 마치 대기하고 있었다는 듯 즉시 궁으로 달려가 조정을 손에 넣은 후, 곽태후(명원황후明元皇后)에게 아뢰어 낙양성을 장악하는 명분을 얻어냈다. 그리고 바로 조상 탄핵의 격문을 띄우고 궁성과 관청을 손에 넣었다. 전광석화처럼 빠른 진행이었다. 이때가 서기 249년, 그의 나이 일흔하나였다. 10년의 기다림이 완성되는 순간이었다.

『자치통감』에서는 쿠데타 과정을 상세히 묘사하면서 사마의의 입장에 동조하고 있다.

봄, 정월 갑오일에 황제가 고평릉高平陵을 찾아서 배알하였는데, 대장군 조상과 그의 동생인 중령군 조희와 무위장군武衛將軍 조훈, 산기상시 조언이 모두 따라갔다. 태부 사마의가 황태후皇太后의 명령을 가지고 여러 성문을 닫아 걸고 군사를 챙겨서 무고武庫를 점거하게 하고, 병사를 주어 나아가서 낙수洛水의 부교에 주둔하게 하며, 사도 교유를 불러 가절을 가지고 대장군의 일을 임시로 수행하게 하여 조상의 군영을 점거하게 하였다. 태복 왕관에게 중령군의 일을 임시로 수행하게 히여 조희의 군영을 섬거하게 하였다.

이어서 사마의는 조상의 죄악을 일일이 적시하여 상주하였다.

"신이 옛날에 요동에서 돌아오니 선황께서 폐하와 진왕, 그리고 신에게 조서를 내리시어 황제의 침상에 오르게 하시고, 신의 팔을 잡고 뒷일을 깊이 염려하셨습니다.

신이 이르기를 '태조와 고조도 신에게 뒷일을 위촉하셨는데, 폐하께서 보신 바와 같이 아무런 걱정과 고생한 바가 없었습니다. 만일 뜻과 같이 되지 않는다면 신은 마땅히 목숨을 걸고서 밝으신 조서를 받들겠습니다'라고 하였습니다.

지금 대장군 조상은 고명顧命을 배반하고, 국가의 전범典範을 무너뜨리고 문란하게 하여서 안으로는 참람하게도 황제의 것을 본떠 사용하고, 밖으로는 권력을 전횡하여 여러 군영을 파괴하고 금군禁軍을 모두 장악하였으며, 여러 관직 가운데 요직은 모두 그와 친한 사람을 배치하였고, 궁중의 숙위도 사사로운 사람으로 바꾸어서 뿌리와 근거가 서로 지반地盤이 되게 만들어놓고 방종하고 방자함이 날로 심해지고 있습니다.

또한 황문黃門 장당張當을 도감으로 삼고, 지존이신 황제를 엿보고 두 궁궐 사이를 갈라놓아 골육을 상해하고 있으니 천하가 흉흉하고 사람들은 위태롭고 두려움을 품고 있습니다. 폐하께서는 바로 기생하는 자리에 앉아 계시게 되었으니 어찌 오래도록 편안하시겠습니까? 이것은 선황께서 폐하와 신을 황제의 침상에 올라오게 하시고 말씀하신 본래의 뜻이 아닙니다. 신이 비록 나이가 많아 노쇠하였다고 하나 감히 지난날의 말씀을 잊겠습니까? 태위와 신과 장제 등은 모두 조상이 군주를 없애려는 마음을 가졌다고 생각하고, 그 형제들이 병사를 통제하여 숙위하게 하기에는 마땅하지 아니하여 영녕궁永寧宮에 상주를 올렸고, 황태후는 신에게 칙령을 내리시어 상주한 대로 시행하게 하셨습니다.

신은 오직 주관하는 사람과 황문령黃門令에게 칙서를 내려 이르기를 '조상과 조희, 조훈이 가진 관직과 병권을 파면하여 후의 신분으로 자기 집에 가 있게 하고, 더 이상 머물러서 거가를 머무르게 하지 말게 하며, 감히 저지하려고 머문다면 바로 군법으로 일을 끝내라'고 하였습니다."

사마의는 조상의 무리가 방심한 틈을 타서 준비한 대

로 차질 없이 조정을 장악하는 데 성공했다. 하지만 여러 가지 정황상 조씨의 위나라를 뒤집고 사마씨의 나라를 세우려는 의도는 아니었던 것으로 보인다.

진나라가 성립한 것은 그가 죽은 지 14년 후이고, 삼국시대가 끝난 것은 사후 29년이 지나서였다.

그는 죽을 때 두 아들에게 이런 유언을 했다.

"나는 오랫동안 위나라를 섬겨 벼슬이 최고의 지위에 올랐다. 사람들은 내가 다른 뜻을 품고 있다고 의심하고 있다. 그래서 나는 항상 불안하며 두려웠다. 내가 죽은 후에 너희 두 형제는 나라의 정사를 잘 다스리되 매사에 조심하고 또 조심하여라."

물론 사마의는 자신이 직접 조씨의 위나라를 찬탈하기보다 조조의 경우처럼 후손이 새로운 나라를 건국하기를 바랐을 수도 있다. 하지만 사마의가 죽을 때까지도 위·촉·오 삼국시대는 계속되고 있었고, 사마씨 가문이 나서서 새 나라를 세우려면 얼마나 큰 어려움이 있을지 능히 예상되는 시대였다는 걸 사마의가 모를 리 없다. 더구나 그의 나이는 이미 칠순이 넘었다. 따라서 제국 건설을 의도했다기보다는 위제국 내에서 사마씨 일족의 안전과 번영을 추구하려는 목적이 훨씬 더 컸을 것으로 짐작해보는 것이다.

당시 유명한 주역가인 관로管輅라는 사람이 있었다. 조상이 대장군으로 권세를 떨치고 있을 때, 그의 측근인 하안何晏은 관로에게 '내가 삼공 벼슬에 오를 수 있을지 점괘를 한 번 뽑아보라'고 부탁했다. 그러자 관로가 대답했다.

"옛날에 순임금을 도운 팔원八元과 팔개八愷, 주나라를 반석 위에 올려놓은 주공周公은 모두 성품이 온화하여 은혜를 베풀 줄 알고 겸손했기 때문에 많은 복을 받았습니다. 대감께서는 지위도 높고 권세도 강하지만 그 덕을 사모하는 자가 적고 위력을 두려워하는 자는 많으니 이는 결코 복을 구하는 도리가 아닙니다. 바라건대 대감께서는 항상 삼가며 예의가 아닌 일은 하지 마시기 바랍니다. 그래야만 삼공의 지위에 오를 수 있습니다."

점괘라는 것이 믿을 수 있든 없든 당대의 실력자를 눈앞에 두고 '덕을 사모하는 자가 적고 위력을 두려워하는 자가 많다'고 질책성 발언을 했다는 것은, 당시 조상의 측근들이 부리는 위세에 참기 어려웠다고 짐작할 수 있다.

그 시대 위나라 조정의 상황은 분명히 정상적으로 돌아가지 못하고 있다. 조상과 측근 나섯 명 등이 어찌 보면 국정운영을 제대로 못 하고 허둥대는 꼴이었다고 할 수 있다. 사마의가 바라본 위나라 조정의 모습은 인의와 도덕이 땅에 떨어지고 권력의 독선과 야심가들의 음모가 판치는 곳이었다. 위나라를 위해서, 또 자기를 위해서도 그냥 두고 볼 수만은 없었을 것이다.

결국 사마의가 일으킨 쿠데타는 위나라에 대한 배신이 아니라 사마의 자신이 판단할 수 있는 최선의 구국을 위한 결행으로 봐도 무방하다.

이해 관계나 권력 구도를 보고 하루에도 몇 번씩 바꿔가며 아부하기 바쁜 당시의 상황에서 사마의는 오히려 진중하게 국가 원로로서 자리를 지킨 셈이다. 40년 동안 조씨 가문 4대를 모셔왔을 뿐 사마의는 파벌을 세우거나 다른 명문가와 혼인을 통해 세력을 키운다거나 하는 일은 한 번도 없었기에 이런 평가가 가능하다.

소설로 굳어진 그동안의 평가와는 달리 사마의는 난세를 살면서 충효의 정신과 의리의 덕목을 중히 여긴 사람이었다.

물론 몇 개의 정황만 가지고 사마의를 정의로운 인물처럼 옹호할 수는 없을 것이다. 사마의의 속내가 순수한 우국충절에 있었다고 단언할 수도 없는 법이다. 그러나 그의 행동이 개인적인 권력욕에서 나왔다고 단정하는 것은 별로 타당하지 않을 것 같다. 지금까지 사마의가 살아온 궤적을 살피면서 주목해볼 부분은 그의 행동 양식이다. 그는 어떤 상황에 자신이 놓여 있든지 그는 최선책을 찾고, 그것이 자신의 의義와 합치되었을 때는 과감하게 실천에 옮겼다는 사실이다.

정답이 하나인 문제, 혹은 여러 가지 답지 중에서 정답을 고르는 문제에서는 완벽주의자나 수재가 확실히 점수를 따고 앞서 나간다. 정확한 답을 찾는 능력을 발휘할 것이기 때문이다.

그러나 삶이란 실타래처럼 엉켜 답이 존재하지 않는 것이 세상에 너무 많다. 처음부터 뛰어난 수재보다는 살면서 이치에 순응하고 하나씩 자신의 범위를 넓혀 나가는 사람이 오히려 세상을 슬기롭게 사는 면에서는 뛰어난 사람이 될 가능성이 더 크다.

매사에 신중하게 처신하는 사람, 당장 머리를 굴려 대

응하는 사람보다는 전체적인 상황을 느긋하게 바라보는 사람, 그리고 멀리 내다보며 쉼 없이 자신을 갈고닦는 사람이 당장은 답답해 보일지 몰라도, 궁극에는 인생길에서 자신을 세우고 멀리 갈 수 있는 사람이 아닐까?

삼국지 무대에 등장하는 수많은 인물 가운데 이런 유형을 찾아내고자 한다면 물론 여러 사람이 있을 것이다. 그러나 역사의 현장에서 성가를 날린 유명세를 탄 사람 가운데서 찾는다면 사마의 같은 인물이 가장 근접한 경우에 해당한다.

또 하나 이번 장에서 짚고 넘어가야 할 것은 그의 결단성이다. 사마의는 행동해야 할 일이 생겼을 때 결코 나이를 탓하지 않았다. 이제 겨우 마흔, 쉰의 인생을 살아 놓고 행동해야 할 것을 뒤로 미루는 태도는 그리 현명해 보이지 않는다. 최적주의는 나이와 상관없이 자신에게 주어진 현실에서 최선의 판단을 하고 행동에 신중하다는 의미이지 복지부동하거나 일신을 위해 체념하거나 하는 태도는 결코 아니라는 말이다.

8장

40~50대의 모델로서
사마의는 누구인가?

❖

'이래서 좋다'와 '이랬으면 좋겠다'는 하늘과 땅만큼이나
의미가 다르고 받아들이는 사람도 달리 반응하게 된다.
하나는 현실에 순응하는 모습이고,
하나는 이상을 꿈꾸는 모습처럼 보이지만
실제 삶에서 그렇게 한 가지로 간단히 정의 내리기는 쉽지 않다.

最 최
適 적
主 주
義 의

사마의가 싸운 것은 무엇 때문이었을까?

사마의에 대한 최종 판단을 할 때, 삼국지 무대를 빛낸 촉한의 정승이자 천재로 꼽히는 제갈량과의 비교를 빼놓을 수 없다.

그는 제갈량과 비교되는 덕분에 '멍청한 위나라 대장군'의 이미지를 얻었지만 한편으로 제갈량의 경쟁자 자리는 그를 제갈량과 동급으로 올려놓는 결과를 가져오기도 했다.

흔히 이런 말을 한다. '경쟁자는 상대를 억누름으로써

상대를 키워준다'는 역설의 진리 말이다. 사마의와 제갈량이 서로에게 경쟁자 의식이 있었는지는 분명하게 지적할 수 없지만 서로의 상황을 파악하고 그에 맞는 꾀를 냈고, 적이지만 경계 이전에 상대의 진면목을 인정하면서 함께 발전하였던 것으로 볼 수 있다.

제갈량과의 전투를 통해 사마의는 위나라에서 군사에 관한 한 최고의 권위자 자리에 오를 수 있었기에 어느 정도 의도했든 그렇지 않든 간에 두 사람이 서로를 성장시켜 주었다는 해석은 충분히 증명된다.

하지만 경쟁자라고 부르면서도 오늘날 소설로 인해 형성된 두 사람의 이미지나 평판은 천지 차이다. 제갈량의 경우는 지혜의 화신化身이자 주군과의 약속을 지키기 위해 국궁진력鞠躬盡力한 천고千古의 모범적 충신이고, 난세의 영걸들을 그야말로 쥐락펴락했던 전략의 천재로 단연 손꼽힌다.

또한 촉한의 일인지하 만인지상의 정승 지위에 있었지만 '성도 교외에 뽕나무 8백 그루와 척박한 밭 50마지기를 유산으로 남긴' 청렴한 벼슬아치의 상징으로도 통한다. 그의 후손들은 최후의 싸움에서 장렬히 산화하여 국가를 위해 일신을 바친 부끄럽지 않은 처신을 했다. 적어도 유교적 덕목으로 보면 제갈량과 그의 일족 모두 흠잡을 데라고는 전혀 없는 처신을 했다. 제갈량 자신도 완벽주의자였지만 후대에 남긴 상징적 이미지는 완성된 사람, 그 자체다.

일반에 회자되는 제갈량에 얽힌 고사故事와 가화佳話는 수없이 많다. 인재를 맞이하는 지극정성의 대명사가 된 삼고초려, 군주와 신하의 가장 이상적인 관계로 일컬어지는 군신수어지교君臣水魚之交, 상대를 진심으로 굴복시키기 위해 적장(남만왕 맹획)을 일곱 번 잡았다가 풀어 주는 칠종칠금, 사사로운 정보다 군율을 바로잡기 위해 친아들처럼 아꼈던 마속을 눈물 흘리며 처형한 읍참마속 등등 헤아릴 수 없을 지경이다.

반면 사마의는 이런 제갈량의 맞수였다고 하지만 매우 초라한 이미지와, 심지어 매도당하기 십상인 얘기와 고사만 남아 있다. 문무겸전한 인재가 넘쳐나는 조조 진영에서 누구 못지않게 특출한 재능을 발휘하기도 했지만 어디까지나 조조라는 큰 그늘에 있던 부하에 불과했고, 제갈량에 맞섰을 때는 번번이 농락당하는 역할로 묘사되었다.

두 사람 간에 벌어진 일차 대결이라고 할 수 있는 오로 침공작전을 사마의가 구사했을 때, 제갈량에 의해 간단히 저지되고 말았다. 게다가 2차 대결을 치르기도 전에 제갈량이 낙양 거리에 붙인 모략에 걸려 사마의는 병권을 빼앗기고 한직으로 쫓겨나고 만다. 사마의의 능력과는 전혀 무관하면서 위나라 조정의 어리석음을 보여준 일이었지만, 이 역시 제갈량이 배후에서 모두 계획한 것이니 만큼 제갈량의 한 수에 철저히 당했다고 표현해야 맞을 것이다.

사마의가 맹달의 반란을 진압한 것은 두 맞수 사이의 간접 대결이라고 볼 수 있다. 사마의는 맹달의 반란을 진압했지만, 이 역시 '맹달이 결코 사마의의 적수가 되지 못한다'고 간파한 제갈량의 혜안을 높이 평가하는 데 인용될 정도다.

제갈량이 4차 북벌에 나섰을 때, 사마의가 견고한 수비 작전으로 막아내지만, 계속해서 농락당하다가 결과적으로 이기긴 했으나 운이 좋아서 촉한군을 막아낸 것으로 묘사되었다.

지금까지 소설에 의해 굳어진 이러한 사마의의 인상은

제갈량의 뛰어난 전술에 놀아나는 완벽한 조롱의 대상일 뿐이었다. 역사적 사실은 아니지만 제갈량의 공성계에 허겁지겁 도망치는 모습이나 호로곡에서 화공을 당해 타죽기 직전 천행으로 소낙비가 내려 구사일생한다거나 끝내는 '죽은 공명이 산 중달을 쫓아버렸다'는 오장원에서의 마지막 도주 장면을 떠올려 본다면 사마의는 제갈량에게 놀아난 바보 이상일 수밖에 없다.

하지만 역사는 아무리 각색되어도 합리적 상상력과 이성적 판단이 사라지지 않는 한 진실 모두를 감출 수 없는 법이어서 사마의를 제갈량의 맞수 자리에 올려놓았다.

제갈량이나 사마의 두 사람 모두 뛰어난 지모를 갖추고 있었고, 신중한 자세로 시대를 읽을 줄 아는 혜안을 가지고 있었다. 그런데 두 맞수에게 주어진 시대적 상황에서 보면 제갈량은 이상주의에 빠져들 수밖에 없었고 사마의는 오히려 이상주의에서 벗어나 현실이라고 하는 냉엄한 운명에 갇힐 수밖에 없었다.

제갈량이 북벌에 나선 까닭과 전개 과정 그리고 성도의 조정에서 직면한 상황을 보면, 결코 그 자리에 안주하거나 뒤로 물러설 수 없는 처지였다. 제갈량 자신은 촉한 전체를 둘러보아도 누구보다 뛰어난 인재였지만 뒤를 받쳐줄 수 있는 촉한의 국력이나 후계자가 될 인재가 없었다고 해도 과언이 아니다.

아무리 그가 뛰어난 천재라고 해도 유비를 모시고 혼자 힘으로 조조를 이길 수 없었고, 촉한을 세웠으나 대국 위나라의 저력을 무찌르는 데는 한계가 있을 수밖에 없었다.

더구나 그는 운명적으로 이상주의자로 살아가야 했다. 어느 것 하나도 포기할 수 없는 상황에 스스로 옭매이듯 걸어 들어갔다고 할까. 유비가 죽고 나서도 유비와의 약속을 지키는 것은 마땅히 지켜야 하는 숙명과 마찬가지였다. 그렇기에 도박 같은 모험, 즉 대국 위나라를 쳐들어가는 북벌전을 지속적으로 해야 했다. 힘과 힘의 대결로 이길 수 없는 적들만 상대했기에 일반적인 전술로는 무리였다. 제갈량이 그렇게 뛰어난 인재가 아니었다면 도저히 펼쳐 보이기 어려운 전략과 전술들이 무수히 등장하는 것은 바로 이런 배경으로 이해할 수 있다.

따라서 제갈량은 마지막까지 다른 이들의 도움 없이 혼자서 모든 일을 처리해야 했다. 혼자서 했기에 일사불란하고 정확하게 의도한 바로 처리할 수도 있었지만 그 자신은 피폐해질 수밖에 없었다. 제갈량에게는 추구해야 할 과제가 너무 많았다.

그에 반해서 위군 총사령관이 된 사마의 입장에서는 북벌전 하나만으로도 제갈량의 처지나 그가 처한 상황과 다르다. 사마의는 처음 제갈량의 반간계에 말려들어 병권을 빼앗겼다가 궁지에 몰린 위나라 조정이 등 떠밀다시피 한 까닭에 싸움터로 돌아왔다. 온갖 지략과 국력을 다 동원해서 침략해온 촉한군을 물리쳐야 할 상황이지만 사마의에게는 너무 쉽게 이겨서도 안 되고 져서도 안 되는 상황이었다. 상대가 제갈량인 만큼 사실상 쉽게 이기기는 힘들었겠지만 이기되 힘겹게, 지더라도 자신을 지켜보는 조정의 중신 그룹이 고개를 끄덕이게 만들어야 하는 형편이었다.

사마의를 둘러싸고 있는 환경에서 보면 헤아려야 할 것이 많았다. 국가는 물론, 자기 자신과 후손까지 안위를 심사숙고해야만 했다. 제갈량은 잃을 것이 별로 없었다. 국가를 위해 나설 수 있는 능력을 갖춘 사람이 자신밖에 없는 데다 그에게 현상 유지는 지는 것이나 마찬가지였다.

이런 차이가 제갈량은 완벽할수록, 천재성을 발휘할수록 촉한의 조정과 휘하 병사들로부터 신임을 받을 수 있었던 반면, 사마의는 그럴수록 음해 받는 대상이 되고 거세당할 위험에 놓이는 아이러니한 현실이 된 것이다.

이런 상황들이 두 지략가에게 전혀 다른 행동을 하게 만들었다고 하면 지나친 설정일까? 제갈량은 더욱 이상주의자로 변하고 사마의는 최적주의자로의 변모를 선택할 운명이었다고 하는 이유다.

최적주의자는 그의 운명이었다

제갈량에게는 조금이라도 빈틈이 있어서는 안 되었다. 주도면밀하고 철저해야 했기 때문에 일시적이건 부분적이건 약간의 실수조차 용납할 수 없었다. 전체 대국을 보면서 지엽적인 것을 버릴 수 있는 여유 없이 '지면 끝장'이라는 벼랑이 뒤에 있었기에 늘 강박관념에 사로잡혀 자기 자신조차 만족하지 못했다. 그럴 수밖에 없는 것이 주변에 있던 책사나 장수 대부분이 기대치보다 부족했으니 어쩔 도리가 없었다.

　제갈량의 한계는 그 자신이 스스로 인정했다. 북벌에 나서기 전부터 그는 사마의를 의식했다. 세 번째와 네 번째 북벌에서는 상당한 전과를 올렸으나, 위나라 총사령관이 사마의로 바뀐 후 그의 고사 작전에 말려들었다. 또 이를 극복할 뾰족한 방법이 없었다. 최후의 결전장인 오장원에서 사마의를 격동시키려다 실패하고 오히려 사마의가 자신의 수명까지 헤아리고 있다는 사실을 알고 매우 초조해했을 때 보좌관인 양옹은 제갈량에게 다음과 같이 진언했다.

　"제가 보기에 승상께서는 늘 장부와 문서까지 친히 보시는데 그렇게까지 하실 필요는 없다고 생각합니다. 대저 일을 다스리는 데는 법통이 있으며, 윗사람과 아랫사람이 할 일이 따로 있어 서로 간섭하지 않는 법입니다. 비유하자면 집안을 다스리는 데도 법도가 있으니 노복은 농사를 짓고, 노비는 부엌일을 해야 집안이 충실하고 부족한 점이 없어 그 집 주인은 유유자적할 수 있습니다. 그런데 주인이 몸소 모든 일을 다 간섭하면 몸은 쇠약해지고 정신이 피곤해져 마침내 한 가지도 이루지 못하고 맙니다. 이는 주인의 지혜가 비복들만 못하다는 것이 아니고 집안 주인으로서 도리를 잃었기 때문입니다. 그러므로 옛사람은 가만히 앉아서 도리를 논하는 이를 삼공이라 하고 일어나서 실제로 행동하는 이를 사대부라 했습니다. 옛날에 병길丙吉(전한시대 승상)은 소가 헐떡거리는 것을 근심하되 길바닥에 쓰러져 죽은 사람에 대해서는 묻지 않았고(소가 헐떡대는 것은 날씨가 좋지 않아 흉년이 들까 봐 걱정했다는 뜻이고, 사람은 개인적인 일이니 그냥 넘겼다는 뜻으로 재상은 사사로운 일보다 세상 돌아가는 큰 이치를 염려해야 한다는 의미), 진평陳平(한나라 건국 공신)은 국고 출납의 숫자를 황제가 물었을 때 '그런 일은 각기 맡아서 보는 자'가 있다고 아뢰었습니다. 그러하거늘 이제 승상께서 사소한 일까지 친히 다스리고 종일 땀을 흘리시니 어찌 피곤하지 않겠습니까. 사마의의 지적이 지당합니다."

이때 제갈량이 흐느끼며 대답했다.

"내 어찌 그걸 모르리오. 선제(유비)께서 외로운 아드님(유선)을 내게 부탁하시고 세상을 떠나셨으니 그에 대해 책임을 지는 자로서 다른 사람들이 나처럼 힘껏 일하지 않을까 걱정이노라."

제갈량은 어린 시절 부모를 모두 잃고 고아 신세가 되어 고향 남야를 떠나 어린 동생들과 함께 형주로 갔다. 그곳에서 기대고자 했던 숙부가 죽었으므로 일찍부터 자립해야 했고, 주경야독으로 자신을 일깨운 만큼 조금이라도 흠없이 맡은 일을 다하려는 마음가짐을 가진 인물이었다. 이 국궁 진력의 도리는 진정 나무랄 데 없이 아름답다. 충성이나 덕목에 비추어 더할 나위 없이 존경받고 칭송받아야 마땅하다. 하지만 결국 제갈량은 그 완벽주의의 덫에 걸렸다. 완벽하고자 노력할수록 정작 자기 몸을 돌보는 일조차 실패하였고, 그 때문에 결정적인 싸움터에서 병으로 숨을 거두고 말았다.

　완벽하고자 할수록 실패할 확률이 높아지는 예는 얼마든지 있다.

　다이어트를 예로 들어보자. 완벽하게 하려면 철저하게 식단을 관리하고 운동도 게을리하면 안 된다. 돌발 상황이 없는 경우라면 말 그대로 완벽하게 다이어트에 성공할 것이다.

　하지만 세상사에 돌발 상황은 얼마든지 생기게 마련이다. 거래처 접대를 하면서 다이어트 식품만 고집하고 먹고 있을 수는 없다. 자신의 의지로 골라 먹을 수 있겠지만, 보는 사람을 부담스럽게 만들어 접대가 아니라 불편만 줄 수 있기 때문이다. 이런 자리를 한 번 갖고 나면 완벽해지고자 했던 사람일수록 실패했다고 생각하는 경향이 생긴다. 자신의 방법대로 되지 않으면, 계획을 망쳤다고 여기기 때문에 그쯤에서 다이어트 자체를 포기해버린다.

반면 사마의 같은 최적주의자라면 그 상황에서 다르게 고민할 것이다. 다이어트 기간을 늘리는 선택을 할 수도 있고, 이미 엎질러진 물을 다시 담는 노력을 하는 것보다는 지난 단계를 포기하고 다음 단계로 나아가는 것이 좋겠다고 생각을 바꿀 수도 있다. 결과적으로는 치열하고 단기적인 다이어트를 시도하는 사람보다 장기적으로 끊임없이 실패하면서 다시 다이어트를 시도하는 사람의 결과가 좋다는 것은 과학적으로도 증명되었다.

제갈량은 짧은 순간에 화려한 빛을 냈지만, 사마의는 결국 일흔세 살이 넘을 때까지 장수하며 최후의 순간에 빛나는 승자로 생을 마쳤다.

사마의도 완벽해지고 싶은 욕구가 분명히 있었을 것이다. 그렇지 않다면 그렇게 치밀한 전술을 펼 수는 없었을 테니 말이다. 하지만 환경과 성향상 현실에 적응하는 그는 최적주의자의 길로 가야만 했고, 그 길에서 앞날을 헤아렸다.

사마의는 유학자의 후손이었으나 반란을 일으킨 농민의 입장을 헤아렸고, 동탁이 권세를 차지했으나 평범한 백성보다 못한 인간 백정이란 걸 알았다. 원소를 통해 관동의군이라는 자들의 허위 의식과 거짓도 목도했다. 결국 누구나 서로 겉과 속이 다를 수밖에 없다는 것을 인정하면서 성장했고, 자기가 주군으로 모신 조조나 조비, 조예에 대해서까지 인간이기에 한계가 있다는 것을 알았다. 그렇기에 그들에 대한 예를 지키면서도 실리적으로 처신할 수 있었다. 충성심에 목숨을 걸거나 자신의 원칙을 고집하며 완벽해지려고 노력하기보다 적절한 선택과 집중을 했던 것.

더욱이 사마의는 조조 진영의 책사로서만이 아니라 용맹한 장수 못지않은 골격과 무예 실력을 갖추었다고 알려져 있다. 병법에도 능했지만 유학의 도리에도 밝았다. 참모로서 주군을 보필하는 역할에 충실했다. 어떤 모욕을 당해도 흥분하지 않고 앞장서서 뛰쳐나가는 용기는 보이지 않았다.

그는 8형제 중 둘째로 성장했으며, 출사 이후 순욱, 순유, 가후 같은 당대의 천재들과 만나면서 그들과 함께 꾀를 내고 세상을 경영해볼 기회를 얻었다. 비교하자면 유비 진영에 속한 제갈량은 둔재들 속에서 유유하게 자신의 천재성을 발휘하는 데 익숙해졌고, 사마의는 천재들 속에서 자신의 역량이 지닌 한계를 느끼며 항상 조심하면서 행동하는 데 훈련되었다고 보면 어떨까?

사마의는 줄곧 제갈량에게 농락당하면서도 '이런 현실에 별로 불만이 없다'는 듯 행동하고, 제갈량의 뛰어난 점을 인정했다. 또 자기 능력을 자랑하거나 자만하지 않았고, 스스로를 무능하다고 깎아내리지도 않았다.

자기를 잘 알고 있는 사람은 남들이 보듯 요란하지 않다. 자기보다 뛰어난 사람이 많다는 사실도 알고 있고, 못난 사람도 많다는 걸 익히 안다. 그렇기에 자기가 잘하는 것을 하고 있으면 반드시 결과가 좋으리란 것도 믿고 있다.

소설 속의 꾸며진 내용이기는 하지만 불타는 호로곡에 갇힌 절체절명의 위태로운 처지에서 그는 '우리 부자세 사람이 이곳에서 죽나 보다'고 탄식하다가 다행히 비가 내려 불이 꺼지고 탈출할 수 있게 되자 너무나 감격해서 '때가 왔다. 지금 도망치지 않으면 어느 때를 기다리오?' 하면서 즉시 도망쳐 나와 군사를 재정비해서 싸움터로 나서기도 했다.

이런 모습을 보면 나관중 역시 사마의가 의외로 운명이라는 걸 거부하기보다 순응하면서 어려움을 이겨 나가고자 하는 소박한 개척형 인물임을 인정한 듯하다.

'이래서 좋다'와 '이랬으면 좋겠다'는 말은 비슷해 보이지만 곱씹어보면 의미가 크게 다르고 받아들이는 사람도 전혀 다르게 반응하는 경우가 많다. 하나는 현실에 순응하는 모습이고, 하나는 이상을 꿈꾸는 모습처럼 보이지만 실제 삶에서 그렇게 간단히 정의 내리기는 쉽지 않다.

사마의는 '사공명주생중달'이라고 많은 백성들까지 비웃을 때도 '나는 제갈공명이 살아 있는 줄만 알았지, 죽은 것을 몰랐도다' 하고 탄식할 뿐 누구를 탓하거나 화내지 않는다. 심지어 그에게 불명예를 안겨준 제갈량의 오장원 진지를 돌아보고 '그는 천고의 기재였다'는 찬사를 스스럼없이 하기도 했다. 사마의는 실패에 대한 두려움 없이 그때그때 자신에게 주어진 상황에서 최선을 다하면 될 만한 여유가 있었고, 상황이 받쳐주었기에 그런 언행이 가능했다.

목표를 달성하는 방법으로 두 가지 정도를 생각해볼 수 있다. 어떻게 하든, 어떤 피해를 보든, 자기가 정한 목표를 끝까지 포기하지 않는 것이 첫 번째다. 이 경우 목표를 이룰 가능성이 커지기는 하겠지만 잃어버린 것이 얻는 것보다 많게 될 위험도 있다. 두 번째 방법은 간단하다. 목표를 줄이면 생각보다 쉽다.

목표를 줄일 수 있는 여유가 있다는 사실부터 운이 좋다고 할 수 있겠다. 사마의의 인생에는 이런 행운도 상당 부분 포함된다.

항상 균형을 잡았다

『삼국지연의』에서 사마의와 제갈량은 위수가의 공방전 이후 처음으로 얼굴을 마주한다. 제갈량은 사륜거에 단정히 앉아 깃털 부채로 부채질하고 있었다. 그 모습을 보고 사마의가 소리 질렀다.

"우리 주상께서는 옛 요임금이 순임금에게 천하를 양도한 일을 본받으시고 이미 2대에 걸쳐 중원을 다스리고 계신 다. 너희들 서촉을 치지 않은 것은 우리 주상께서 인자하시 어 백성들이 다칠까 염려하신 때문이라. 그런데 너는 원래 남양 땅에서 한낱 밭 갈던 자가 하늘의 분수를 모르고 굳이 중원을 침범하니 이치로 말하면 마땅히 토벌하여 전멸시킬 것이나, 네가 만일 반성하고 즉시 돌아가 서로 경계를 지키 고 삼국이 정립하여 무고한 백성들을 도탄으로 몰아넣지만 않는다면 너희들을 얼마든지 살게 해 주마."

이에 대해 제갈량이 일갈하였다.

"너희 조상이 한나라 국록을 먹었는데 어찌하여 그 은혜를 갚을 생각을 하지 않고 역적을 돕느냐."

사마의가 크게 부끄러워하며 얼굴을 붉히며 다음과 같이 대꾸하였다.

"내 너와 승부를 결하리니 만일 네가 이기면 나는 맹세코 대장 노릇을 않겠으며 네가 패하거든 즉시 고향으로 돌아 가거라. 내 너를 죽이지 않으리라."

사마의는 이 대면에서 '목을 치겠다'든지 '결코 용서하지 않겠다'든지 하는 격렬한 표현을 쓰지 않는다. 오히려 '고향으로 돌아가라. 죽이지 않겠다'는 정도로 표현한다. 여기서 사마의는 기본적으로 정도를 지키는 인물이라고 생각할 수 있다. 소설의 내용으로 미루어 짐작하는 것이 뭣하지만, 소설과 정사에서 일관되게 이어져 온 사마의의 성격이나 태도를 보면 어느 정도 이해가 된다.

마지막으로 지난날로 되돌아가 정리해 보자.

위제국 성립 후, 사마의가 첫 번째로 구상한 작전은 '오로 침공 계획'이었다. 이 야심 찬 계획을 좌절시킨 사람이 제갈량이었다. 그리고 무엇보다도 북벌전 당시 사마의는 제갈량에게 원한을 가질 만했다. 그가 벼슬길에 나아간 이후 낙양의 조정으로부터 '모반'이라는 누명을 쓰고 쫓겨난 유일한 일이 제갈량의 반간계 때문이었다.

사마의가 옹양의 사령관직에서 해임되고 완성으로 쫓겨나자 곧 제갈량의 북벌이 시작되었고, 이후 맹달이 재차 모반했을 때 사마의가 진압했던 과정을 보면, 그를 음해하고 모략한 당사자가 제갈량이라는 사실을 능히 알 수 있었다. 그런데 사마의는 그런 사실에 대해 제갈량과 만났을 때 일언반구 지적하지 않고 있다. 어찌 보면 그런 정도의 모략에 대해 아주 대범했다고 볼 수 있으려니와 당연히 할 수 있는 일이라고 여겨 개의치 않았을 수도 있다.

앞서 여러 차례 지적한 것처럼 사마의는 어린 시절이나 성인이 되어 벼슬길에 들어설 때 높은 지위에 오르는 것에 대해서 그리 연연하지 않았고, 부하 장수를 둘 때도 측근이나 일족부터 챙기는 그런 짓을 하지 않았다. 그런데도 조조와 조비, 조예에 이르기까지 3대를 모시는 동안 세 번 모두 유탁을 받는 중신이 되었다. 이는 사마의가 참모로서의 능력 못지않게 인간 됨됨이가 남으로부터 손가락질 당하지 않을 정도의 겸손함을 지녔기에 가능한 일이었다.

사마의를 폄훼하려는 쪽에서는 3대를 속여 자신의 기반을 다졌다고 보는 시각도 있으나 조조가 어떤 리더십을 갖고 행동한 인물이었는지를 생각해보면 그것은 아무래도 무리한 해석이다.

사마의는 전장에서와 마찬가지로 내부에서도 균형을 중시했을 것이다. 어느 한 편을 들어서 계파를 이루었다면 사마의를 둘러싸고 적어도 한 번은 피바람이 불었어야 마땅하다. 3대 동안의 후계 구도 속에서 계속 양지쪽만 골라 갈 수도 있지만, 봉건왕조의 3대를 순조롭게 거치려면 반대파를 숙청하는 과정을 거쳐야 했을 것이다. 사마의가 반대파를 숙청했다는 기록은 쿠데타를 일으킨 이후 조상과 그 일파에 대해서 뿐이고, 정치적으로 모나지 않게 행동하면서 순리를 지키고자 했기에 위나라의 많은 이들로부터 욕먹지 않고 자기를 지킬 수 있었다고 보는 것이 타당하다.

유탁을 받을 때, 충성을 표시하느라 이마를 바닥에 찧어 피가 흐른다거나, 애도하는 눈물을 줄줄 흘린다거나 하는 모습을 보이는 경우가 많은데 사료에서 보면 사마의에게는 그런 모습을 전혀 발견할 수 없다. 이런 점에서 지나치게 꾸미거나 과장하는 성품이 아님을 알 수 있다. 여기에서도 사마의의 현실 순응적인 모습이 잘 드러난다. 사마의는 평화를 신봉한 사람은 아니겠지만 남을 해치면서 자신의 이득을 취하는 모리배 같은 행동은 하지 않았음을 알 수 있다.

사마의와 교분이 깊었던 유엽劉曄(한나라 황실의 자손으로서, 위나라에서는 출신 성분상 높은 지위를 얻지는 못하였다. 서기 234년 제갈량이 사망한 그해에 태중대비를 지내다 사망했다)은 평소 다른 사람과 교류가 거의 없었는데 그 까닭을 묻는 사람에게 다음과 같이 대답했다.

지혜로운 사람은 운명을 아는데 속세에 있는 사람은 완전히 알지 못하는 것 같다.

유엽은 절친한 사이로 사마의를 꼽았고 그의 능력을 높이 평가했다. 현실의 어려움이나 조심성을 깨닫고 무리 없이 살아가는 모습에 점수를 주었다고 할 수 있다.

유방劉放이라는 인물 또한 사마의를 평가할 때 반드시 거론해야 할 사람 중 하나다. 그는 사마의가 죽기 바로 전해(서기 250년)에 세상을 떠났는데 '황실의 기강을 바로잡을 사람은 사마의가 적임자'라고 자신 있게 지적한 사람이었다. 그 역시 조조와 조비, 조예로부터 총애받았는데 이들 세 주군으로부터 조칙을 받아 적군의 항복을 설득하는 문장 모두를 작성했다.

따라서 유방은 충성심이나 능력 면에서 조조나 조씨 일족으로부터 신임을 받은 인물이었음이 틀림없다. 그런 사람도 국가에 대한 사마의의 충성심과 올바른 삶의 태도를 칭송했고, 특히 사리 분별이 바르다고 높이 평가하고 있다.

같은 재능, 다른 환경에서 자란 두 사람

현실에 순응하면서 맡은바 도리를 묵묵히 실천하는 성격의 사마의와 어떻게 하든 현실의 질곡을 무너뜨리고 이상사회를 건설해보려는 완벽주의자 제갈량, 이 두 사람의 후세의 이미지는 결국 주체적이기보다는 주어진 상황 때문에 전혀 다른 결과로 나타난다.

혼란의 시대, 분단의 시대에 사마의와 제갈량은 적대 관계의 맞수로 만났기에 두 사람은 운명의 길을 따라 전혀 다른 삶을 살아야 했다. 어찌 보면 두 사람은 비슷한 재능과 능력을 발휘할 수 있었지만 다른 환경에서 재능을 최대한 발휘해야 했기에 전혀 다른 궤적을 갖게 되었다는 견해도 일견 수긍할 여지가 있다. 둘 사이에 가로놓인 깊은 간격은 삼국지 무대의 상징적 모습일 수도 있다.

선과 악, 이분법에 의해 그들은 전혀 다른 형질의 사람으로 나뉘었지만 실제 두 사람은 같은 재능을 타고났으나 다른 환경에서 그 재능을 발현한 것이라 할 수 있다.

오천외吳天外는 성도대학成都大學에서 발표한 〈제갈량의 죽음〉을 통해 이 두 사람을 비교했다.

제갈량은 관리 집안 출신이었지만 부모가 일찍 죽어 몰락한 데다 전란이 빈발하여 생계가 곤란하였다. 때문에 열일곱 살 이전부터 생활의 중압감을 등에 업고 각지를 유랑하게 되었다. 이것이 건강에 큰 영향을 미쳤다. 그래서 백우선을 들고 이런 모습을 감추려 했다고 한다. 그에 비해 사마의는 전란시대에 다소 고생하긴 했지만 원래 명문거족 출신이었고, 고향에서 넓은 토지를 겸병한 호족의 후예로서 지방의 토착 세력일 뿐만 아니라 고위직과 연결된 귀족이었다. 후한 중기 이래로 이들은 지식인층이었고 유지이며 관료들이었으므로 윤리도덕 실천을 그리 중요하게 생각하지 않았다고 할 수 있다.

제갈량은 자신의 힘으로 무엇인가를 반드시 성취해야

존재 가치를 확인할 수 있는 절박한 환경을 극복하면서
자랐고, 사마의는 비교적 넉넉한 집안에서 무엇을 이루는
것이 아니라 어떻게 살아야 올바른 것인지에 대해 엄격하
고 질서 있는 교육을 받으며 자랐다.

그리고 제갈량은 이제 막 세력을 키우려고 하는 거의
맨손이다시피 한 소군벌 유비의 측근으로 갔고, 사마의는
가장 강성한 세력이며 인재도 풍부한 대군벌 조조 진영
으로 갔다. 당연히 두 사람이 세상을 바로 보며 어떤 상황
윤리와 행동 철학을 갖게 되었는지 의문은 가져볼 필요가
충분하다고 하겠다.

진晉나라의 창업을 사마의의 찬탈 의도에서 시작되었
다고 보는 시각에 대해서도 그것은 지나친 감정적 해석이
라며 바람직하지 않게 여기는 사학자들이 많다. 어떤 의
미에서 진의 창업은 노쇠하고, 명분을 잃고, 구체제화 되
어 가는 당시의 제국을 대신해야 할 새로운 시대적 요구
였다고 볼 개연성이 많기 때문이다.

물론 진이 성립한 이후 훌륭한 정치를 하지 못해 오래
지속되지 못한 약점은 있으나 이것을 사마의와 연결 짓는
것은 무리다.

사마의의 손자인 사마염이 진을 창업했지만, 창업에 바탕이 된 실질적인 기반이 사마의에서 시작되었을 뿐이다. 사마의는 실권을 장악하고 난세를 이용해 갑자기 출셋길에 오른 자들을 배척하고, 지방 호족 등과 전통 기반을 가지고 있는 사대부 집안을 중시하였는데 이를 바탕으로 진이 창업되었다고 보는 것은 피할 수 없는 사실이다.

사마의의 처가인 장씨의 친정어머니는 하내산씨河內山氏로 죽림칠현 중 한 명인 산도山濤의 고모할머니였고, 큰아들 사마사의 처는 태산양씨泰山羊氏로 후한의 대표적 유학자인 채옹(동탁이 가장 중시했다)의 외손녀다. 또 둘째 아들 사마소의 처는 경학經學으로 유명한 동해왕씨東海王氏로 모두가 당대의 세가 출신들이었다.

위제국의 실질적인 창업자라고 할 수 있는 조조의 변부인이 창가倡家 출신이고 위제국을 일으킨 조비의 처 견후는 원소의 며느리였다가 붙잡혀 온 포로 출신, 곽후는 노비 출신인 것과 견주어볼 때 사마의의 집안은 명문거족과 복합적으로 얽혀 있었다.

그러나 진제국 이후 정치적 무능을 사마의에게 묻는 것은 과하겠으나 전혀 무관하다고만은 할 수 없다는 배경이기도 하다. 세상 사람들은 이 점을 주목하는데 그것은 금수저 출신과 흙수저 출신에 대한 감정과 직결된다. 자수성가한 쪽의 노력에 더 점수를 주는 건 인지상정 아닌가.

여기서 잠시 현대를 뒤흔든 두 영웅 이야기를 해보자. 한 사람은 태어나자마자 탁아소에 맡겨졌다가 가난한 엔지니어 가정에 입양되었다. 또 다른 한 명은 부유한 집안에서 태어나 최상의 여건 속에서 좋은 교육을 받으며 자랐다.

두 사람 모두 같은 분야에서 성공하여 세계에서 손꼽히는 거부 반열에 올랐다. 이 경우 사람들은 누가 진정한 성공을 했다고 생각할까? 대부분 가난한 집안에서 태어나 성공한 사람의 손을 들어줄 것이다. 그리고 두 사람은 타의에 의해 라이벌 관계를 성립하게 되고 부유한 집안에서 태어난 사람은 끊임없이 비교당하며 이유도 없이 평가절하되는 일을 겪게 될지도 모른다.

지금 예를 든 두 사람은 역사상 엄청난 주가를 올린 바 있는 애플의 최고경영자 고 스티브 잡스와 마이크로소프트를 창업한 빌 게이츠다.

스티브 잡스는 가난한 집안에서 자랐고 다른 집에 입양되어 학비 문제로 대학도 중퇴하였다. 그러다가 천재적인 엔지니어 스티브 워즈니악을 만나 창고에서 창업했다. 그때 애플이라는 기기를 만들어서 개인용 컴퓨터 시대를 이끌었다. 마치 제갈량처럼 화려한 이력이다.

반면 빌 게이츠는 부유한 집안에서 태어났다. 비록 창업하느라 졸업은 하지 않았지만 미국 최고의 대학인 하버드를 다녔다. 그리고 대기업인 아이비엠이 개인용 컴퓨터를 만든다고 하자 그 컴퓨터의 운영체제를 만들어 성공 가도를 달렸다. 마치 사마의처럼 좋은 집안, 좋은 교육 그리고 안정된 배경을 가졌다.

스티브 잡스는 개인용 컴퓨터 열풍을 일으켰지만, 대기업인 아이비엠에 점점 세가 밀렸고, 반전을 꾀하고자 획기적인 컴퓨터 매킨토시를 출시했다. 대중은 열광했지만 실제 매킨토시는 그렇게 큰 성공을 거두지는 못했다. 결국 스티브 잡스는 자신이 세운 회사에서 쫓겨나 야인으로 떠돌기까지 했다.

반면 빌 게이츠는 안전하게 소프트웨어를 팔며 꾸준한 성장세를 지속하다가, 어느 정도 안정되자 매킨토시와 유사한 윈도우 시스템을 출시하고 컴퓨터 세상의 주인이 되었다.

지금까지 이야기한 것이 90년대 말 2000년대 초까지 세상을 뒤흔든 신화적 두 영웅의 이야기다. 그때까지 세상을 지배한 것은 빌 게이츠이고, 마이크로소프트였다. 요즘은 다시 스티브 잡스가 열풍을 일으키다 최고의 자리에서 사망한 상황이고 빌 게이츠는 최고경영자에서 은퇴하고 공공의 이익이 되는 복지사업에 전념하고 있다. 역사에서 최후의 승자가 누가 될지는 아직 모른다. 또 최후의 승자라는 것은 중요하지도 않으려니와 결과 역시 의미가 없을 수도 있다.

잡스의 매력은 극적인 모습에서 빛을 발한다. 그래서 점수를 많이 받는다. 그러나 아직도 전 세계 컴퓨터의 90퍼센트 이상은 윈도우를 사용한다. 윈도우 7은 사상 최고의 매출을 올렸다. 조용하지만 확실한 수익원을 가지고 있는 것이다. 또한 빌 게이츠 본인은 공공사업에 전념하며 평화로운 삶을 살고 있다.

이 두 사람을 비교하며 자수성가한 스티브 잡스만이 멋진 삶을 살았고, 훌륭하다고 할 수 있을까? 빌 게이츠의 시대를 바라보는 눈이 스티브 잡스보다 극적이지 못해 뒤떨어졌던 것일까? 분명 그건 아니라고 생각할 것이다.

이는 사마의와 제갈량을 바라보는 눈에도 동일하게 적용된다. 승자는 결과에서 정해진다. 그렇다고 누가 진정한 의미의 승자인지는 수치로 정할 수 없는 일이고, 인정에 따라 정할 일도 아니다. 그가 금수저 출신이든, 흙수저 출신이든 상관없다. 다만 태생적 장단점에 대해서는 어느 정도의 헤아림이 필요하다. 귀기소장貴基所長, 망기소단忘基所短도 중요한 가르침이겠으나 인물 평가를 할 때 뜬소문은 물론 그 사람이 어쩔 수 없이 선택한 걸 두고 물어뜯듯 매달릴 일은 아니라는 점을 강조하고 싶다.

사마의는 후계에 성공했다

사마의가 조상을 거세한 후 관리 임용제도인 구품관인법을 정비하고, 중간 행정체계인 군郡 단위 조직에서 군중정郡中正 위에 주대중정州大中正을 둔 것은 사마씨 집안과 얽혀 있는 사대부 출신 거족명문가를 배려한 것으로 볼 수 있으나 관료 체제의 정비라는 큰 틀에서 보는 것도 필요하다.

난세에는 출신 성분이나 도덕적 자질 같은 덕목보다는 오로지 능력만을 중시하여 권력의 핵심부를 인재 집단만으로 구성할 수 있으나, 치세治世가 되면 유학적 인의 청렴과 가문의 전통을 헤아릴 만한 도의적 품성을 지니고 올바른 길을 걷는 품격 있고 성실한 인재를 모으는 것이 관건이다.

사마의는 정권을 잡은 지 2년 만에 사망했으므로 강남 지역(손권이 다스린 오나라)의 토착 호족이나 명문거족들을 흡수할 시간적 여유가 없었고 이 점은 끝내 신생 제국 진의 한계로 작용했다.

진이 창업한 이후 강남 지역 명문거족 출신으로 중앙에 출사하여 조정 대관에 오른 자는 거의 없었다. 원래 강남 지역 명문거족 집안은 경제적으로 막강했을뿐더러 가병家兵이나 지역에 존재하는 여러 무장 집단과 관계가 깊었으므로 군사적 잠재력도 대단했는데 이를 활용하지 못했다. 결국 대륙의 전체 세력을 통합하지 못한 한계로 진 제국은 삼국을 통일했으나 오래 지속되지 못하고 황실 세력까지 사분오열되어 북방 오랑캐들이 준동하는 오호십 육국 시대로 이어졌다.

역사는 멋있는 영웅들의 각축장으로 기록되고 있으나 그건 별다른 의미가 없다. 아니 존중할 가치조차 없다. 민중의 역사가 배제되고 무시된 기록에 연연할 이유는 없는 것이다.

사마의는 이런 점에서 후대의 적절한 평가를 받기 어려웠고, 구국의 쿠데타를 일으켰으나 그 진정성을 의심받는 상황에서 자유롭지 못했다. 소설은 여기에 부채질하듯 그를 깔아뭉갰다. 사마의는 결과적으로 제대로 평가받지 못한 불운의 인물이 된 것이다.

사마의는 평생 자신이 세상을 통일하거나 태평성대를 만들 것이라는 말을 한 번도 입 밖에 낸 적이 없지만 그의 행동은 결국 천하 통일과 태평성대를 향한 노력이었다고 봐야 할 것이다.

소설 『삼국지연의』를 읽은 독자들 상당수가 사마의에 대해서 우호적이지 않다. 권모술수의 화신이자 가치부전 이라는 꾀를 전가의 보도처럼 써먹은 정략적 인물로 바라볼 뿐이다. 오늘날에도 정략적 인물은 별로 대중에게 인기가 없다.

당나라 때 편찬된 『진서』는 사마의의 후예가 쓴 것은 아니지만 진나라의 시조와 다름없는 사마의에 대해서 우호적이었다. 특히 〈선제기〉는 중국 역사상 명군으로 꼽히는 당태종 이세민의 저술로 알려져 있다. 황제의 저술인 만큼 선대 왕조의 시조에게 균형 잡힌 시각만 고집하여 평가하기는 힘들었을 것임에 틀림없다.

비교적 균형 잡힌 시각을 가진 역사서 『자치통감』에 이런 이야기가 나온다.

장제張悌(양양 출신으로 촉한이 망할 때 동오의 둔기교위라는 직책에 있었다)가 사마씨 정권에 대한 이야기를 하는 부분인데 참고할 만하다.

사마사가 촉한을 정벌하려고 군사를 보냈을 때, "사마씨가 위나라 정권을 장악한 이후 큰 어려움이 여러 차례 일어났고 백성들은 복종하지 않는데 촉한에 군사를 보내니 어찌 이길 수 있겠소?" 하고 오나라 벼슬아치가 비아냥거리자 장제가 이에 대꾸하는 내용이다.

그렇지 않소이다. 조조가 비록 공로를 세워서 중원을 차지

했으나 오히려 백성들은 그의 위엄을 두려워하여 그의 은
덕을 가슴에 간직하지는 않았소. 조비와 조예가 뒤를 이었
는데, 형벌은 번거롭고 역역力役은 무거우며, 이리저리로 몰
아서 달리게 하니 편안한 세월이 없었소. 그에 비해 사마의
부자는 누차 큰 공로를 세우고, 그들의 번거롭고 가혹한 조
치들을 없애며, 백성에게 평화로운 은혜를 베풀고 병고를
구제해 주어서 백성들의 마음은 그에게 귀의한 지가 오래
되었소. 그러므로 회남淮南 지역에서 세 번이나 반란이 일
어났으나 복심腹心과 같은 중앙은 소란하지 않았소. 조모
(위나라 마지막 황제)가 죽었는데도 사방에서는 움직이지 않
았소.

똑똑한 사람에게 일을 맡기고 능력 있는 사람을 부리니 각
기 그 마음을 다하여 일하고 있어서 그 근본은 굳어졌고 그
들의 간사한 계획은 수립되었소. 지금 촉한은 환관들이 조
정을 전횡하여 나라에는 정령政令을 내리지 못하고 오히려
군사 활동을 늘리고 있으니 백성들은 수고롭고 졸병들은
지쳤는데 밖에 있는 이익을 다투다가 지킬 준비를 못 하였
소. 저들은 강약에서 차이가 다르고 지략과 계산도 수승하
며 위태로운 때를 이용하여 정벌하니 이기지 못할 것이 거

의 없소. 아, 저 나라(사마씨 정권)가 뜻을 얻게 되었다는 것은 우리에게는 너무나 큰 걱정이로다.

장제는 사마씨가 권력을 쥐고 있는 한 동오의 장래가 크게 위태롭다는 지적을 하고 있는데 이는 삼국지 무대의 주인공인 조조나 유비, 손권까지도 대부분 후계 구도에서 실패한 점과 연결 지어 생각해보는 것도 괜찮을 듯하다.

우선 삼국시대 대표적인 창업주 세 명 가운데 후계자 선정에서 실패한 인물로 유비를 꼽을 수 있다. 그의 아들 유선이 멍청하게 된 까닭이 적벽대전 직전에 있었던 당양벌 싸움에서 조자룡이 죽음을 무릅쓰고 구해왔을 때 유비가 '이 어린놈 하나 때문에 명장을 잃을 뻔했다'면서 집어던져서 그랬다는 믿지 못할 이야기도 있다. 아무튼 유선은 망국의 군주라는 오명도 있으나 어리석은 2세 황제의 전형으로 꼽힌다. 사마의의 큰아들 사마사가 촉한을 정벌한 후 유선을 낙양에 살게 했는데 하는 행동이나 언행을 보고 어찌나 한심했던지 '아무리 제갈량이 뛰어났다고 한들 저런 바보 멍청이를 모시고 어찌 천하를 요리할 수 있었겠는가?'라고 탄식하듯 비웃었다.

손권의 경우도 큰아들로 황태자를 세웠다가 폐위시키는가 하면 후계자 문제에 우유부단하여 결국은 골육상쟁을 초래했고, 말년에 세운 그의 후계자는 포악한 성정으로 백성을 괴롭혀 민심을 잃고 나라를 망친 반면 교사의 전형적 사례가 되었다.

조조의 경우는 그나마 나았지만, 2세 황제인 조비가 방탕한 나머지 상한병傷寒病에 걸려 40세를 넘기지 못하고 죽었다. 그 때문에 위나라의 조정은 확고한 기틀을 갖출 수 없었으며, 결국 사마씨에게 나라를 빼앗기는 비극을 초래했다.

하지만 사마의는 아들 둘이 모두 영특했고 그들의 후손에 의해 진나라가 성립하는 업적을 남겼다. 물론 위나라를 대신하는 제국을 건설했다고 해서 후계자를 기르는 데 성공했다는 것은 아니다. 앞서 장제의 평가처럼 그들(사마씨 정권)은 '번거롭고 가혹한 조치를 없애고 평화로운 은혜를 베푸는 모범'을 보여 백성의 지지를 얻었다는 점에서 그러하다는 것이다. 사마사와 사마소 두 사람은 삼국지 무대의 최후를 장식한 대단한 인물이었고 그들의 노력은 결코 선대에 비해 부족하지 않았음은 물론이다.

결론적으로 그는 우리에게 무엇인가?

사마의는 마음속으로 꺼리는 일이 있어도 겉으로 내색하지
않고 너그러웠다. 시기심도 많았으며 임기응변에 능했다.
사마의를 두고 조조는 '낭고상'이라고 했는데 이를 실제로
실험하고 싶어 했다.『晉書』

낭고상이란 몸을 돌리지 않고 고개만 돌려 뒤를 볼 수
있는 특이체질로(사마의가 그렇게 할 수 있었다는 이야기도
있다) '의심 많은 이리의 모습'이라는 뜻도 가지고 있다.
이리란 놈은 의심이 많기에 산길을 가다가 주변을 자주
살피며 혹 있을지도 모르는 맹수의 습격을 대비하여 조심
스럽게 행동하는 동물이다.

물론 이 표현에 '의심 많은' 부분에 방점이 찍혀 있는
것은 아니라는 점을 생각해야 할 것이다. 한마디로 말해
서, '사마의는 너무 신중하게 행동하기 때문에 그의 속마
음은 도저히 짐작조차 하기 어렵다. 분명 큰뜻을 품고 있
는 것은 확실한데 그것이 무엇인지 알 수 없다'는 인상을
주었다는 것이다. 그러니까 사마의가 '속내를 알 수 없는

인물'이라는 의미로 정리하면 된다.

『진서』를 보면 조조가 어느 날 세 마리의 말이 하나의 여물통에 머리를 박고 먹이를 찾는 꿈을 꾸었다는 이야기가 나온다. 이 꿈을 해석하여 사마의와 아들 사마사, 사마소 세 사람이 조조의 위나라를 먹이로 삼게 된다고 풀었다는 얘기가 있다.

조조는 아들 조비에게 '사마의는 아무래도 다른 사람의 신하가 될 인물인 것 같지 않다. 오히려 너의 일에 간섭하게 될 것'이라고 지적하면서 고위직으로 중용하지만 경계를 늦추지 말라고 했다는 얘기도 있다.

중국의 『삼국지』 연구가들 사이에서 이 대목을 특히 중시하여 사마의가 배반할 가능성이 처음부터 농후했고 은연중 찬탈의 야심을 가질 수 있다는 점을 일찍이 조조도 눈치채고 있었다고 지적하지만, 이 기록이 훗날 당태종이 집필했다는 사실에서 볼 때, 신하 가운데 능력이 출중하지만 그 속내를 알기 힘든 인물들은 결국 황실의 시각에서 등 돌릴 가능성이 농후한 위험 분자이니 경계해야 한다는 당태종의 개인적인 의견이 담긴 것으로 풀이하기도 한다.

사마의는 생김새로 볼 때 조조의 말처럼 '낭고상'일 수 있다. 그렇지만 배반이니 찬탈이니 하는 일을 저지를 태생적 운명이었다는 식의 평가는 결코 바람직하지 않다. 한 치 앞을 내다보기 어려운 난세에 살아가면서 속내를 드러내지 않는다는 것은 칭찬받을 일까지는 아닐지 모르나 잘못된 처신이라고 손가락질할 일은 결코 아니다. 음흉하다거나 표리부동한 행태를 옳다고 하는 것이 아니라 신중한 처신을 음흉하다고 매도하는 것은 바람직하지 않다는 말이다.

앞서 살펴본 것처럼 사마의는 조씨 왕조 4대가 흐르는 동안 국가의 기둥이자 조정의 중신으로 최선을 다했다. 만일 조상의 무분별한 견제가 있기 전에 터럭만큼이라도 사마의나 그 일족에게서 모반의 언동이나 기미가 있었다면 조조나 조비, 조예가 그냥 두었을 리 없다. 그리고 유탁을 받은 신하는 대역죄가 아닌 한 후계 황제라 할지라도 함부로 다룰 수 없는 위치에 있는 것이 그 시대의 원칙이자 규범이었다. 속내를 드러내지 않았다는 이유로 조조, 조비, 조예의 유탁을 받아 황제를 지근거리에서 모신 사마의를 비난하지만 이는 오히려 위나라 조정의 한계를 감안하면 조정 중신으로서 사마의가 보인 모습은 칭찬받을 덕목으로 여겨야 마땅하지 않은가.

세상에는 함부로 남의 이야기를 하는 자들이 넘친다. 예나 지금이나 그런 자들이 전매특허처럼 사용하는 말이 '자기는 속을 탁 터놓고 이야기하지 마음속 깊이 담아 두지 않는다'는 표현이다. 마치 정직하고 순수한 것처럼 말하지만 한 꺼풀만 벗겨보면 믿을 수 없는 인물이라는 뜻이 가득하다. 장단점도 그 사람의 사회적 위치와 상황에 따라 얼마든지 뒤바뀌는 법이다.

사마의는 허도에 출사하여 7년여 세월 동안 마치 벙어리 흉내 내듯 꿈쩍 않고 맡은 일에 최선을 다해 임했다. 그 이후에도 결정적인 순간이 아니면 나서지 않았다. 십여 년 동안 조조에게 두어 마디 계책이라고 진언한 것이 전부이다. 조금 안다고 해서 까불대며 계책이랍시고 내놓는 그런 인간이 아니었다.

종합해서 살펴보면, 그는 자신이 처한 상황에서 어떤 행동이 좋을 것인지 심사숙고하여 최적화시킨 냉철한 승부사가 아니었나 싶다. 그의 후손들이 위왕조를 찬탈한 사건에 대해서도 마찬가지다. 오히려 사마의가 죽은 이후 조방의 뒤를 이은 조씨 왕조의 후계자들이 변변치 못해 나라를 빼앗기고 말았다는 점도 덧붙여야 한다.

왕조사에서 권력 투쟁의 목표처럼 운위되는 '천하'라는 개념이 한 집안의 전유물일까? 후한의 유씨든 위나라의 조씨든 누구도 독점할 수 없다. 그리고 창업의 기치가 아무리 드높았다고 할지라도 세월이 흐르면 그 의지는 퇴색하고 후계자들은 기개를 잃거나 사치 행각에 빠져 타락하는 경우가 비일비재했다. 이를 대신하는 새로운 왕조의 출현에 대해 조금이라도 폭력이 사용되면 유학자들은 찬탈이니, 배반이니 하지만 그것은 자칫 태평성대를 꿈꾸며 성군이 나타나길 고대하는 민중에 대한 배반일 수 있다. 권력을 위해서 피바람을 불게 하는 것은 분명 잘못이다. 하지만 민중의 입장과 현대적인 시각에서 살펴보자.

현재 나라를 이끌고 있는 권력층이 부패하고 낡은 사고에 빠져 있다면 어떻게 할 것인가? 투표라는 제도 덕분에 우리는 몇 년이 걸리지만 평화적으로 권력층을 심판할 수 있다. 삼국시대에 권력층을 심판할 방법은 선양이라는 좋은 방법이 있었지만 이 역시 찬탈이나 다름없었다. 찬탈의 과정이 일어나지 않는다면, 당시의 왕조에서 천재적이거나 그야말로 어질고 도량 넓은 지도자가 연속으로 나오는 기적을 바랄 수밖에 없다. 그렇지 않다면 권력은 썩게 마련이다.

사마의를 띄워주기 위해 찬탈을 옹호하는 것이 아니다. 시대를 객관적으로 판단해서 그 사람의 역할을 평가하고 제대로 취할 것은 취해야 한다는 이야기다.

자신에게 펼쳐진 시대에 인간의 한계를 알고 이상을 가슴 깊이 품은 채 실제의 세상에서 발휘하지 못했으면서 역사의 주역이 된 인물들이 많다. 그 가운데 한 명이 사마의이다.

사마의 역시 공과가 있다. 그러나 그의 승부 세계에 대한 나름의 판단, 처세술, 그리고 상황 변화에 따른 결단이 소설에서처럼 희화되는 것에 대해서는 재고하는 자세가 필요하지 않을까?

세상을 살아가기 위한 롤모델을 만든다는 측면에서도 제갈량 같은 인물 하나로 충분할 수 없다. 사마의가 정략적이어서 또는 소설의 이미지 탓에 롤모델로 삼을 수 없다는 자세는 지양해야 한다. 제갈량은 제갈량이고 사마의는 사마의다. 호쾌해 보이지는 않지만 40~50대에 최선의 기량을 보이는 경우가 얼마든지 있다.

경제 활동을 하는 현대인들의 입장에서는 사마의라는 인물에 대해 공감을 느꼈을 부분이 많다. 이 세상에는 자신이 속한 조직을 전방위에서 이끌어가는 영웅 같은 사람만 필요한 것은 아니다. 다르게 보는 평범한 인물의 시각도 필요하기 때문이다.

현재 어떤 조직의 말단 직원이면 말단 직원으로서의 최선의 방법을 찾는 것이고, 부장이 되었다면 부장으로서의 최선의 방법을 찾는 것이다. 자기 능력과 삶의 방법에 비추어 경영진의 일원이 되는 것이 유리한지, 아니면 실무진으로 은퇴하는 것이 유리한지 곰곰 따져볼 줄도 알아야 한다.

최적주의자가 되는 일이 마냥 격찬 받을 선택이라고 할 수도 없을 테고 비난받을 일도 아니다. 최적주의도 분명히 하나의 '개성'이다. 상황에 따라서는 이런 '개성'을 살리는 사람이 최적주의자로 현대 사회에 더욱 적합한 사람일 수 있다. 많은 이들이 경험했던 바이지만 어린 시절 '장래 무엇이 될래?'라는 질문을 받으면 대부분 '대통령이나 장군'이라고 대답한다. 어린아이의 꿈이라고 할 수도 있겠으나 너무나 생각 없고 '개성'이 없는 답변 아닐까?

회사에 입사한 신입 사원 모두 장래의 꿈이 '최고경영자'라고 답하는 것이나 마찬가지다. 하지만 모두가 최고경영자가 되는 것은 불가능하다. 물론 어느 한 사람은 그 자리에 오르겠지만 대다수는 꿈을 이루지 못한다. 아니 그것이 이루어지지 않는 것이 정상正常이고 순리며 상식이다.

오늘날 인간이 진출한 직업의 범위는 상상할 수 없을 정도로 넓어졌다. 자신의 '개성'과 '재능'과 '꿈'을 조화시킬 줄 아는 자세가 필요한 이유다. 그리고 최고의 인물이 되었다고 해서 잘난 것도 아니려니와 평범하게 자기 일에 만족하며 살아가는 사람이 못난이일까? 이런 점에서 빛나는 이상주의나 출세주의에 매몰되어 앞장서서 세상을 이끌려고 하는 사람보다는 최적주의의 자세로 풍부한 인생을 살려는 쪽이 더욱 멋있는 일도 할 수 있고, 성취의 기쁨을 누릴 수도 있음을 기억하자.

사마의를 오늘날 우리에게 최적주의자의 삶이 어떤 것인지 '응원가로 들려주는' 삼국지 무대의 대표적 인물로서 우리의 삶에 새로운 스승으로 삼아 보면 어떨까?

사마의에 대해 제갈량 못지않은 대접을 하자는 것이 결코 아니다. 제갈량은 희대의 천재로 국궁 진력의 모범적 삶에 방점을 찍은 멋진 신사로 보면 된다. 더 나아간다면 청렴한 재상의 심벌로 여겨도 좋다. 그렇다고 사마의를 깎아내릴 필요는 없다. 그의 최적주의 태도를 비판해도 무방하지만 요즘 같은 세상에서 중견 세대가 지닌 운명적 한계를 곰곰이 생각해 본다면 과연 어떤 인식으로 보는 것이 좋을지 넓게 바라보았으면 하는 마음이다. 삼국지 무대의 몇몇 포악하고 한심한 인물들을 제외하고 많은 등장인물들의 장점에 보다 비중을 두고 바라보는 것도 의미 있는 역사 인식이 아닐까 싶다.

이 책의 의도는 두 가지였다. 첫 번째는 삼국지 무대에서 별 볼 일 없는 인물로 평가받은 사마의를 제대로 살펴보는 일이었다. 모두의 인생에는 나름대로의 무게가 있는 법인데, 사마의가 취한 인생의 무게도 결코 가볍지 않으리란 생각 때문이었고, 제갈량이란 희대의 영웅과 대적한 인물의 됨됨이를 보고 싶은 기대도 있었다. 두 번째 의도는 집필하면서 생겨났다. 사마의란 인물을 되짚어볼수록 현대인의, 그것도 한창 활발하게 사회생활을 하면서도 기성 세대와 새로운 세대 중간에 위치한 40~50대 중견 세대의 롤모델이 될 것 같다는 스쳐가는 생각에 그들에게 맞춰 재조명하는 일이었다.

이 책은 전반적으로 사마의의 일생을 근간으로 이야기했기 때문에 두 번째 의도를 정확히 드러내기에는 한계가 있었다. 이 책을 읽으며 사마의에게 40~50대가 본모습을 투영했다면 그것으로 성공한 것이다. 하지만 노파심에 맺음말을 통하여 독자들에게 하고 싶었던 말을 다시 한번 정리하고자 한다.

I. 세상을 살펴라

마흔. 조급한 나이다. 때로는 오십도 바쁜 나이다. 이미 가정을 꾸렸을 나이고 직장에서도 어느 정도의 위치를 잡을 나이다. 그러면서도 여러모로 불안한 나이다. 사실상 일반 직장인들은 마흔이 넘어가면 재취업의 기회는 거의 줄어든다고 봐야 한다. 좀 더 좋은 직장보다는 현재 있는 직장에서 버티는 것을 더 중요하게 여길 수밖에 없다. 그러기에 시선이 좁아진다. 내재적으로 경험은 있지만 현재의 세상을 살피는 시선이 넓어지기가 쉽지 않다. 여기서 사마의를 통해 바라볼 것은 세상을 살피는 눈이다. 사마의는 언제나 전체적인 상황을 살폈다. 젊었을 때는 세상에 나갈 시기가 아니라고 생각했고, 나이가 들어서 내놓은 대부분의 계책은 전술이라기보다 전략에 가까운 거시적인 관점이었다. 전술적 사고방식보다 인생이라는 긴 흐름을 생각하면서 앞으로의 삶을 궁리해볼 나이다. 세상을 두루 살피고 인생을 꽃피울 긴 흐름의 전략을 세울 수 있다면 더할나위없이 좋을 것이다.

2. 유혹에 흔들리지 마라

사마의는 조조의 부름을 처음에 거절했다. 그 당시 취업이라는 점에서 보면 가장 좋은 조건이었다. 하지만 그는 전혀 조급해하지 않았다. 처음에 말한 바와 같이 불안한 나이가 되면 공자의 말씀처럼 불혹의 세대가 아니라 달리 생각해보면 유혹에 흔들리기 쉬운 나이이기 때문에 역설적인 의미도 있지 않을까 싶다. 불안하기에 조금이라도 좋은 기회가 오면 바로 잡으려한다. 하지만 다시 되돌려 생각해야 한다. 거시적으로 이 길이 내가 가야 할 길인지, 다시 한번 꼼꼼히 헤아려볼 필요가 있다. 백세 시대에 절반 가량은 40~50대 인생에서 앞으로의 인생을 눈앞의 이익 때문에 망칠 수도 있다는 것을 염두에 두고 기회라고 여겨 덥석 잡기보다는 돌다리도 두들겨보고 건너는 자세도 필요하지 않을까?

3. 자신을 귀하게 여겨라

사마의는 일을 처리할 때 오로지 대의를 위하거나 조국을 위해서, 혹은 자신의 주군을 위해서 일한다는 자세가 아니었다. 스스로를 위해서 일했다. 다만 스스로를 위하면서도 가문이나 사회나 주위 지인들 모두 잘될 수 있는 방안을 찾았을 뿐이다. 40~50대는 권력은 조금이고 책임은 많이 부여되는 나이다. 주변에서는 회사를 위해서, 가족을 위해서 모든 짐을 어깨에 지라고 강요하듯 떠민다. 하지만 그렇게 책임만 지다가는 언젠가는 인생에 대한 허무감을 느끼게 되고 이후부터는 모든 일에 의욕이 떨어지게 된다. 결국 회사를 위해서도 가족을 위해서도 좋지 않은 결과다. 모든 일은 나를 중심으로 헤아려 시작하라. 이 일이 나에게 어떤 영향을 줄 것인가를 생각하라. 남의 이익을 빼앗으라는 말이 아니다. 일을 함으로써 나와 내 주변인들이 동시에 발전할 수 있는 방안을 찾는 게 중요하다. 오늘의 현대사회라는 시스템은 나를 소중히 여

기고 우리를 위하는 사람이 결국 주변 사람에게 도움을
줄 수 있게 되어 있다.

4. 나이에 연연하지 마라

사마의는 예순의 나이가 넘어 결단을 내렸고, 후손들
에게 기회를 주었다. 삼국지 무대에서 예순이 넘었다면
지금으로 계산할 때 여든이 넘었을 나이다. 사마의는 그
상황에서도 결단을 내리고 누구보다 빠르게 행동했다. 오
늘날 40~50대에 마치 꿈이 사라진듯 처세하는 사람이 주
변에 너무나 많다. 벌써 노후설계에 매달려 있는 경우도
있다. 사마의의 성격상 예순이 넘은 나이에 행동했다는
것은 충분한 자신감이 있기 때문이었을 것이다. 40~50대
라면 사회생활로 무엇이든 할 수 있는 경험을 충분히 쌓
았을 것이다. 조급하게 서둘지는 않지만 때가 오면 언제
든지 좀 더 큰 의미를 찾아 도전해보는 마음을 가질 수 있
는 자세부터 생각하자.

5. 자신의 길을 가라

사마의는 누가 무슨 말을 하든 개의치않고 뚜벅뚜벅

자신의 길을 갔다. 제갈량과 비교하며 비겁한 인물이라고 놀림을 당하더라도 이를 극복하기 위해 자기답지 않은 돌출 행위를 한 것이 아니라 자기가 정한 길을 갔다. 40~50대의 나이면 자기가 어떤 일에 장점을 가지고 있는지 정확히 알아야 하고, 알고 있을 때다. 장점을 갈고닦아 자기만의 길을 찾아야 한다. 인생은 유행가 구절과 같다고 해서 대충대충 사는 것이 아니라 철저히 자신의 것이다.

제갈량처럼 빛나게 극적으로 사는 인생만 멋진 인생이 아니다. 지금 처한 환경에서 자신이 할 수 있는 최선의 방법을 찾고 그것에서 충분한 보상을 받는다면 누구의 인생도 부러워할 것이 아니라 스스로에게 자부심을 선사할 수 있다.

어린아이에게도 배울 점이 있는 것처럼 배울 것은 세상 도처에 있는 법이다. 사마의를 다시 살펴본다는 것을 역사 공부라 하지 말자. 그저 우리에게 응원가를 들려주는 역사 속의 그에게서 한 수 배운다고 생각해 보기를 바란다.